朝日新書
Asahi Shinsho 667

ルポ 児童相談所

大久保真紀

朝日新聞出版

まえがき

全国の児童相談所が対応した虐待相談が、２０１６年度は12万件を超えた。前年度比２割増で、10年前と比較すると実に約３・３倍だ。全国に２１０カ所（２０１８年３月現在）ある児童相談所は多忙を極める。

その中で、虐待で命を落とす子どもが後を絶たない。

２０１８年３月には東京都目黒区で５歳の女の子が父親から暴行を受けて死亡。食事も十分に与えられていなかった。そのほか、１月には横浜市で生後６カ月の女の子が２週間にわたって十分な食事を与えられずに死亡、２０１７年12月には大阪府箕面市で４歳の男の子が母親や交際相手らによる暴行で、同年８月には滋賀県で３歳の男の子が父親からの暴行によって死亡する事件が起こっている。

２０１６年には、神奈川県相模原市で、児童相談所に通所していた中学生が自殺を図り、その後、死亡した事件が明らかになった。この中学生は何度も家を飛び出し、養父に暴力を振るわれていることを訴え、「家には帰りたくない」と語っていたという。そのニュースを耳にしたとき、こんなに明らかな子どもからのSOSを、なぜ児童相談所は適切に受け止めることができなかったのかと驚き、悲しくなった。子どもが「家に帰りたくない」というときは、必ず何らかの理由がある。複雑な形でのSOSではないだけに、助けを何度も求めたこの中学生が、どんな思いで自らの命を絶ったのかを考えると、胸が痛む。

私は20年ほど前から子どもの虐待問題の取材を続けている。この20年で虐待に対する社会的な認識は高まったが、虐待死する子どもの数は心中事件を含めて毎年100人前後と、それほど減ってはいない。全国の児童相談所での力量にばらつきがあるのは否めないが、子どもにとっての「安全」に地域差が生じることは許されない。児童相談所だけでなく、保育園や学校を含めた「地域」の虐待に対する力量を高める必要がある。

児童虐待対応の最前線にあって児童相談所が対応しなければならない虐待相談は全国的に急増しており、十分に手が回っていない現状もある。虐待死事件などが発生すると、批判の矛先は児童相談所に向く。判断ミスや専門性の低さから虐待死を防げなかったとみられるケースは少なくなく、検証して改善すべきところはきちんと改善してもらわなくてはならない。

だが、児童相談所を批判するだけでは生産的とは言えない。多くの児童相談所のワーカー（児童福祉司）たちは懸命に働いている。しかし、職員が足りず、財政的な裏付けも乏しいという状態では、十分な対応はできないし、専門性の高い人材がそろうには時間もかかる。

しかも、児童相談所の仕事は家族のプライバシーに深く関わる仕事であるため、一般の人が、彼らの働きぶりを詳しく知ることはない。そのため、児童相談所が抱える課題、悩みも具体的には見えにくいというのが実情だ。

子どもたちを守るためには児童相談所の人員確保、専門性の向上は不可欠で、その必要性は長年唱えられているものの、仕事の実態がなかなか見えてこないだけに、虐待対応件数の増加に見合うだけの増員や予算の確保はできていない。児童相談所の実態をまずは理解し、その上で、社会として何をしていかなくてはいけないのかを考えなくてはならないと思う。児童相談所の職員が疲弊していては、いいケースワークはできない。

本書では、子どもたちの命に直結する、虐待通告を受けた後の初期対応の現場で働くワーカーたちの日々に密着して、児童相談所がどのように児童虐待に対応しているのか、どんな苦労や課題があるのかをお伝えしたい。同時に、彼らの対応の向こう側にいる、子どもや親たちの窮状にも目を向けていただけたらと思う。

舞台は西日本のある児童相談所としか記せないが、事実をそのまま記した。また、登場人物はすべて仮名、敬称略としたことをお許しいただきたい。

2016年の児童福祉法の改正で、中核市だけでなく、特別区が児童相談所を設置できるようになり、また、中核市や特別区での設置を国が支援するよう定められた。兵庫県明石市が2019年春に開設するほか、東京都では世田谷区、荒川区、江戸川区をはじめ、ほかの区も児童相談所設置に動き出している。改正児童福祉法は弁護士の配置も促している。常勤、非常勤のどちらがいいのか議論されているが、第6章「現場からの声」のインタビューでは弁護士配置についてもたっぷりと話を伺った。

どこの自治体も行財政改革で、人員や予算を増やすのは容易ではない現状にある。しかし、虐待が子どもの人生に与える影響は大きく、少年院在院者の7割以上が被虐待児という研究報告があるほか、凶悪事件の加害者が虐待を受けた過去があることも珍しくない。心を病む人もいる。虐待から救い出し、ひとりでも多くの子どもたちが将来、税金を納めて生活する「ふつうの市民」になることが、その自治体を、この国を支えることになる。

花園大学の和田一郎准教授は、「日本は他国に比べて子どもの虐待対応にかけるお金が少なすぎる」と指摘している。和田准教授の研究では、日本が児童相談所や児童養護施設などに直接かけている費用は年約1千億円で、人口が日本の2・5倍の米国の30分の1、人口が日本の5分の1の豪州の3分の1という。虐待を受けた子どもは、虐待の影響によって、その後の人生の中で精神疾患にかかったり、自殺したり、学力が低下したりすることも少なくない。その結果、生涯収入の減少や生活保護の受給、医療費なども発生する。また、犯罪などの反社会的な行為に及ぶこともあり、それらに対応するコストなどを含めた虐待による社会的損失は年間で約1兆5千億円にのぼると試算されている。いまのままでは毎年1兆5千億円の社会的損失を積み重ねていくことになる。虐待は、虐待を受けた子ども個人の問題にとどまらず、社会全体に大きく影響する問題であることを私たちは認識しなくてはならない。

いま子どもたちを救い、守ることなしに、私たちの暮らす社会に将来はない。児童相談所に課せられた役割と使命は大きい。

ルポ　児童相談所　　目次

第3章 親と向き合う

第1章　一時保護の現場

包丁を持ち出されて

「どうかこのまま泣かないで」

児童相談所の職員になって6年目のワーカー（児童福祉司）阿部圭子は、祈るような気持ちでいた。腕の中には、ゼロ歳の隆ちゃんがニコニコしている。

阿部はもうひとりのワーカーと、この日の午前9時ごろ、20代の母親と隆ちゃんが暮らす家を訪ねた。

「おじゃまします」

2人で部屋に上がって母親と話をしながら、阿部はさりげなく隆ちゃんを抱かせてもらった。隆ちゃんはご機嫌だった。阿部は母親がもうひとりのワーカーと部屋の中で話し込むすきを見て、隆ちゃんを抱いたまま、アパートの玄関口に移動した。

そっとドアを開け、外で待機していた別の職員に隆ちゃんを手渡した。うなずきあい、職員がその場を離れたのを確認してから、阿部は母親にこう告げた。

「隆ちゃんを職権保護しました」

母親が叫んだ。

「いやや、いやや、いやや〜！」

母親は小走りに台所に飛んで行き、シンクの下から包丁を持ち出した。こちらに向かってくるかもしれないと阿部が身構えた瞬間、母親は自分の腹に刃を向けた。

「キャー‼」

今度は阿部が悲鳴を上げた。

阿部たちは2人がかりで、取り乱した母親の腕をつかんだ。すぐに近くで待機していた警察官が飛び込んできて、母親を取り押さえた。

「腹を確認して！」

警察官の声に促されて阿部は母親の服をめくりあげた。母親の腹は傷ついていなかった。正直、ほっとした。

隆ちゃんについては数カ月前から母親の虐待が疑われる情報が児童相談所に寄せられていた。母親は結婚しておらず、生活保護を受けていた。隆ちゃんを保育園に通わせていなかったため、児童相談所が隆ちゃんと接触して、状況を確認できる機会が極めて少なかった。保護しようにも保護する機会がなかなか見いだせない状況だった。

母親に愛情がないわけではない。ただ、精神的に不安定で、赤ちゃんを死なせてしまう危険があるとの具体的な情報が保健師から寄せられたことで、児童相談所は一時保護に踏み切った。

ここ数年、全国で虐待を受けて死亡した子どもの約6割はゼロ歳児だ。

「ゼロ歳児は亡くなるケースが少なからずあるので、保護するまでの数カ月間は隆ちゃんのことが心配で眠れず、怖かったです」と阿部は振り返る。

子どもを守るために行われる一時保護には、親の同意を得て保護するケースもあれば、今回のように、子どもが危険な状態だと児童相談所が判断したときに、親の同意がなくても強制的に子どもを引き離す「職権保護」のケースもある。

一時保護は子どもの命を守る手段だが、ワーカーが子どもの安全を確認していなかったり、子どもに会ったものの保護しなかったりして、子どもが虐待死するケースは全国で後を絶たない。

今回、職権保護を決めた児童相談所はこの日、4人の職員を派遣、不測の事態を考えて警察にも事前に応援を頼んでおいた。それが功を奏した。事前連絡なしに朝、自宅を訪ね、母親に声をかけているすきに隆ちゃんを救出することができた。

阿部は30代。こうした虐待の初期対応チームに入って4年目だが、包丁を持ち出されたショックについては多くを語らない。その代わりにこう言う。

「母子が一緒にいるところを保護するのは本当に大変で、できれば避けたいです。でも、子どもの命を守るためには必要なんです」


阿部は以前、一時保護に向かう前に上司から注意されたことが三つある。

一つは、機敏に動くためにハイヒールは履かないこと。二つ目は、すぐに連絡がとれるように携帯はポケットに入れておくこと。そして、三つ目は、身動きが取りやすいように持ち歩くカバンは軽くすること――。いずれも予測できない親の動きに対応するためのものだ。一時保護に向かう職員はいつも緊張を強いられる。

職権で一時保護した隆ちゃんのケースを、阿部はその後も担当することになる。隆ちゃんを親元に帰せるかどうかを判断するため、母親との面接や親子面会などを続けていかなければならない。隆ちゃんをいわば、「奪い取られた」母親が、児童相談所や阿部に対して悪感情を抱くことも予想される。

子どもを守るために親と対立してまで実施する一時保護。その後に、親とできるだけ良好な関係を築いて、育児環境の整備や生活などを支援しながら、子どもが家庭復帰できる可能性を探っていく。相反する難しい仕事を、児童相談所のワーカーたちはこなさなくてはならない。

子どもを保護しに行き、親から包丁を向けられることは阿部に限ったことではない。阿部の後輩のワーカー山田愛も同じような経験をした。山田は20代。虐待の初期対応は1年目だ。

少し前のことだ。「母親が子どもの顔をたたいているようだ」などと保育園から児童相談所に連絡が入った。内容を重くみた児童相談所は職権保護を決め、職員が保育園に急行して、5歳の女の子を保護した。

子どもを一時保護したら、そのことを親に伝えなくてはならない。山田は先輩の男性ワーカーと母親の自宅に出かけて行った。呼び鈴を鳴らしても返事はなく、中から反応はなかった。待つしかない。

自宅の前でしばらく待っていると、20代の母親が戻ってきた。義父は働きに出ていたようで、姿は見えなかった。

「お子さんを一時保護しました」

男性ワーカーが、児童相談所から来たことを伝え、さらに、子どもを保護したことを母親に告げた。母親がいきなりドスの利いた声で怒鳴った。

「だれや〜‼　この男と女〜。長女をどこに連れていったんや〜！」

自宅に入るやいなや、母親は台所から包丁を持ち出して、飛び出してきた。

「死んでやる〜」

包丁を自らの腕や首に当てた。山田の目には、母親の着ている服が切れるのが見えた。恐怖を感じた山田は身を硬くした。このときは包丁を山田の方に向けてくるとは思わなかったが、何かの拍子に包丁がこちらに飛んでこないとも限らない。それが心配だった。

「冷静になりましょう、お母さん」

山田にはそう声をかけることしかできなかった。母親はおかまいなしに、包丁を振り回し、わめき続けた。距離を取りながら説得を続ける一方、携帯電話で警察に連絡。駆けつけた警察官が母親を取り押さえ、大事には至らなかった。

初期対応の仕事を始めたばかりの山田にとっては、親が抵抗することもあるかもしれないとの覚悟はしていたとはいえ、やはりショックだった。児童相談所に戻り、報告書類を作りながら、先輩のワーカーたちに何があったかを話した。先輩たちは仕事の手を休め、

「大変やったなあ」と耳を傾けてくれた。

先輩たちに話すことで何とか自分を保つことができたと、山田は振り返る。

「この体験は、2週間ぐらいは受け止めきれなかったです」

少し間を置いてこう付け加えた。

「でもよく考えると、こういうことが起こっても驚かない職場というのも怖いですよね」

子どもを職権で一時保護するときに、ワーカーが身の危険を感じることは少なくない。

夫婦げんかからの救出劇

「いま夫婦げんかをしている。子どもが巻き込まれるから、保護してほしい」

けんかをしている真っ最中の母親から、児童相談所に電話があった。子どもは3歳と赤ちゃんだという。

児童相談所内で、安全確認や一時保護など虐待の初期対応にあたるチームから、ワーカーの阿部圭子と高橋美枝子が急行した。30代の阿部はチームに入って4年目。40代の高橋は2年目、保育士の資格を持ち、障害者福祉施設の現場などでの経験が長い。

2人が連絡のあった家に到着すると、母親が赤ちゃんを腕に抱えたまま、父親とののしりあい、手を出し合っていた。その中に割り込み、２人が母親から赤ちゃんを受け取ろうとすると、父親がすごんだ。

「連れていくな～！　帰れ‼」

夫婦はそのまま、家の外に出てきて取っ組み合いを始めた。夫婦に赤ちゃんを傷つける意図はないが、何かの拍子に赤ちゃんがけがをする可能性は否定できない。

阿部も高橋も父親の大声に一瞬緊張を強めたものの、必死だった。もみくちゃになりながら阿部が何とか赤ちゃんを母親から受け取り、その場を走り去った。

すると、父親が母親の首を絞め始めた。それを止めようと、高橋がとっさに中に割って入った。

その瞬間、高橋の頬に痛みが走った。

父親が母親を殴ろうとした手が飛んできたのだ。痛かった。だが、ひるんでいる暇はない。まだ部屋の中には3歳の子どもがいる。この子も保護しなくてはならない。高橋の胸には使命感がみなぎっていた。

夫婦と高橋が三つどもえでもみあっているうちに、近くに暮らす親類が駆けつけ、けんかの仲裁を始めた。そのうちに警察官もやって来て、夫婦げんかはなんとか収まった。

高橋は家の中に入って、3歳の子の無事を確認し、事なきを得た。

その間、赤ちゃんを抱えて、その場を離れた阿部は、高橋がなかなか戻ってこないことが心配で仕方なかった。けがをしたのではないだろうか。イヤなことが頭をよぎった。思い余って、上司に電話した。

「高橋さんが、帰ってきません！」

上司に落ち着くよう諭され、少し待っていると、まもなく高橋の姿が見えた。阿部は肩の力が抜けた。


高橋は振り返る。

「途中で親族が来て仲裁に入らなかったら、だれかがけがをしていた。いまとなってみれば笑って話せるが、あのときは怖かったです」

阿部も、こう語った。

「高橋さんが戻って来なくて本当にどうしようかと思いました」

児童相談所としては、ワーカーに手を出すような夫婦ではないという情報を得てのワーカー派遣だったが、高橋が顔をたたかれるという不測の事態が発生した。

「そんな現場に女性2人で急行しなければならないというのは、結構、キツいよね」

阿部と高橋は上司には聞こえないような小声で話し、肩をすくめた。

【キーワード】児童福祉司の実情

児童福祉司は、児童相談所で虐待や非行などの対応にあたる職位として地方自治体が任用する。ワーカーとも呼ばれる。児童福祉法に基づき、社会福祉士などの資格や一定の実務経験のあることなどが要件になっている。

2017年4月1日現在で、全国に3115人おり、福祉などの専門職として採用されている人が7割強、残る3割弱は一般行政職がついている。勤務年数は3年未満が4割超で、専門性の不足が指摘されている。

人員不足も長年の課題だ。2016年度に全国の児童相談所が対応した虐待相談件数は12万件を超え、10年間で約3・3倍に増えたが、児童福祉司の配置人数は、約1・4倍の増加にとどまっている。厚生労働省は児童相談所強化プランとして、2015年度を基準にして2019年度末までに児童福祉司を550人増やす目標を立て、2016年10月からは人口4万人に1人以上を配置することを求めている。

赤ちゃんを置いてパチンコへ

「赤ちゃんが、家に放置されているかもしれない。どうしたらいいでしょうか」

午後5時すぎ、児童相談所が管轄するエリアにある市の担当者から、児童相談所に電話が入った。保育園児とゼロ歳児を抱える家庭でネグレクト（育児放棄）が疑われるという。

いきさつはこうだ。

姉が保育園で発熱し、保育園が母親に電話したが、連絡がつかなかった。そのため、仕事中の父親に連絡した。すると、父親は「妹の具合が悪かったので、病院に行ったけれど、（母親も妹も）いまは家にいるはずだ」と言った。

この家庭は、半年ほど前にも、市がかかわっていた。姉にあざが見つかり、母親が拳で殴ったことなどを認めたことがあった。母親が反省したため、その後は保育園に見守りをお願いしたケースだった。だが、この日、再び保育園から連絡を受けたため、市の担当者が保健師を自宅に向かわせた。

ところが、母親は不在だった。赤ちゃんの行方がわからない。以前にも自宅に赤ちゃんを置いて母親がパチンコに行っていたことを市は把握しており、今回は児童相談所に判断を仰ぎたいと、相談してきたのだ。

赤ちゃんを放置しておくことは命にかかわる。ゼロ歳児の虐待死は近年、全体の6割を占める。児童相談所としては、神経質にならざるを得ない。

「赤ちゃんはどこにいるのか？」

所長が聞くと、市からの電話をとった課長の上原民子が答えた。

「家にいる可能性が高いそうです。どうしましょうか」

上原にとっては、ゼロ歳児で、しかも病院にかかっているということも気になった。赤ちゃんの安全はもちろん大事で、必要があれば、一時保護はしなければならない。だが、この赤ちゃんを一時保護する場合、どこに預かってもらえばいいのだろうか、という問題が出てくる。ゼロ歳児は一時保護所では対応できない。一時保護を委託する乳児院でも難色を示されることが少なくない。しかも、かぜをひいている状態なら、ほかの子どもへの万が一の感染を恐れてさらに受け入れを躊躇《ちゅうちょ》するだろう。また、赤ちゃんを一時保護したとして、その後、赤ちゃんに体調悪化など何かあったらどうするのか、という心配もあった。

「熱があったらどうしようか」

上原はつぶやいた。だが、迷っている暇はない。すでに、どこも一日の業務が終わろうとしている時間帯に入りつつある。とにかく、委託先を探さなくてはならない。

この家族の住まいは、児童相談所からは車で1時間弱はかかる場所にある。所長が指示を出した。

「本当に放置されていたら危険だから、とにかく行って。連れてきてからどこに一時保護してもらうか考えよう。いまから行ける人は?」

虐待の初期対応チームのワーカーの多くは出払っていた。児童相談所にいたワーカーの高橋美枝子が手を挙げるしかなかった。ワーカーで係長の高田勝には出先から現地に転戦してもらうように連絡し、高橋はほかの職員とともに車で急いだ。

家族が住むアパート前に着いたのは、午後7時前。先に来て家の様子をうかがっていた市の保健師が走り寄ってきた。ついさっき母親が戻ってきたという。

「赤ちゃんは中にいました。母親が帰ってきたときには、うんちがおむつからはみ出していた。3~4時間は放置していましたね」

報告を受けた高橋は、後から来た高田とともに部屋に入り、母親と向き合った。

状況の説明を求めると、母親は、

「夫の仕事の手伝いに行っていた。娘は祖母に世話をしてもらっていたから、1人にしていたのは1時間半ぐらい」

と消え入りそうな声で説明した。

母親の言うことは夫の話とつじつまが合わない。高橋が「祖母に話を聞きたいので電話番号を教えてほしい」と頼むと、母親はしぶった。母親は首を横に振っていやがったが、ここで譲るわけにはいかない。確認しないと動くこともできないと根気よく説得した。最後には母親が折れ、渋々、祖母の電話番号を教えた。

高橋が自分の携帯で祖母に電話をすると、祖母は母親の説明とは違うことを話し出した。床に座り込んだ母親は心配そうにうつむき、上目遣いで祖母と話をする高橋を見つめていた。

その間に、高田は赤ちゃんを抱っこ。そのまま、家の外に出た。高橋とともに駆けつけて外で待機していた職員が、高田から赤ちゃんを受け取り、車のチャイルドシートに乗せた。その間も、赤ちゃんは泣き声をあげなかった。職員はほっとして、赤ちゃんを保護したことを児童相談所にいる上原に電話で報告した。上原が探した一時保護先の場所を教えてもらい、そこに向けて車を発進させた。

祖母との電話を終えた高橋は、高田が赤ちゃんを外に連れ出したことを確認した上で、母親に対して、落ち着いた口調で話しかけた。

「ゼロ歳児を家に放置することは危険です。以前も同じようなことがあって、『繰り返せば、児童相談所がかかわることになる』と伝えていましたよね。放っておくことは、赤ちゃんの発達にもよくありません。児童相談所としてはお子さんを保護する方向で考えています」

母親は小さな声で、

「保護なんかされるとお父さんに怒られる」

と言って、顔色を変えた。そして、今度は、

「お父さんが帰って来るまでいてください」と懇願した。

約1時間後、父親が仕事先からバイクで戻ってきた。子どもが一時保護されたことを知ると、激怒。部屋に入ってくるなり、手にしていたヘルメットを床に投げつけた。

腰を下ろしていた高田の体にあたりそうだった。投げつけられたヘルメットはコロコロと床を転がった。びっくりした高橋は一瞬腰を浮かせたが、何もなかったように振る舞っ

た。状況を説明しても、父親の怒りは収まらなかった。

「出ていけ‼」

父親は大声を出し、高橋と高田をにらみつけた。２人は追い出されるようにして、アパートを後にした。


翌朝、出勤した高橋は一番に、母親に電話を入れた。

「お子さんを預かった児童相談所です。お話ししたいことがありますから、こちらに来ていただけないでしょうか」

電話口の向こうで、母親が父親に相談しているのがわかる。

「何時ごろになりますでしょうか」

そう尋ねる高橋の耳に、母親の後ろの方から叫ぶ父親の声が突き刺さった。

「行くといっとるだろうが!!!」

高橋は受話器を耳元から少し離し、怒鳴り声が収まるのを待った。そして、母親に時間を告げ、「では、お待ちしていますね」と電話を切った。

親のいらだちを受け止めるのも、高橋たちワーカーの仕事だ。

【キーワード】児童相談所と一時保護

児童相談所は児童福祉法に基づいて、都道府県と政令指定都市に設置が義務づけられており、全国に210カ所ある(2018年3月現在)。虐待のほか、不登校や非行、障害など子どもに関するあらゆる相談に対応する。その中心を担うのが、ワーカーと呼ばれる児童福祉司だ。

児童相談所は、父母の不在や虐待などにより家での養育が困難な子どもを一時保護する権限を持つ。一時保護には、親の同意を得て一時保護するケースもあれば、子どもが危険な状況だと児童相談所が判断したときに、親の同意がなくても強制的に子どもを引き離す「職権保護」のケースもある。

2016年度に行われた一時保護は全国で4万3387件。半数は虐待が理由だった。また、職権保護の占める割合は24%。一時保護所は原則的に児童相談所に併設されており、全国に136カ所(2018年3月現在)ある。保護された子どもは乳児院や児童養護施設、養育里親に委託されることもあり、それらは全体の4割を占める。一時保護の期間は原則2カ月までとされる。全国の平均在所日数は約30日。最近は一時保護が増え、保護期間も長期化する傾向だ。

2017年に成立した改正児童福祉法により、親の意に反して一時保護が2カ月を超えるときは、家庭裁判所の承認を得ることが必要になった。

子どもを一時保護した後は、児童相談所は子どもの心身の状態、家庭環境や生活環境を調査し、家庭の状況や養育環境を見ながら、家庭に戻したり、児童養護施設などに入所させたりする。一時保護された子どもの53%が家庭引き取り（元の家庭などに戻ること）になっている。

児童相談所が職権で行う一時保護をめぐっては、保護者から「虐待と決めつけられて連れて行かれた」「まるで誘拐のようだ」との批判の声があがることもある。自治体への不服申し立てもできるものの、申し立てを審理して判断するのは自治体で、保護者の不満も大きい。一方で、一時保護しなかったために子どもが虐待死するケースが全国で後を絶たないことから、職権による一時保護を積極的に進める児童相談所が増えている。

米国などでは児童相談所が一時保護した場合、一時保護した後に、その判断が妥当だったかどうかを裁判所が判定する仕組みになっている（102ページも参照）。児童相談所からの報告、親の意見、子どもの意見などを聞き、判断する。一時保護の判断は妥当ではなかったと裁判所が判定した場合は、子どもは親元に帰される。こうした司法が関与する仕組みは、親の権利を守ると同時に、子どもの命を守るために、日本でも必要だとする指摘が長年、専門家から出ている。

2017年の児童福祉法改正で、親の意に反する2カ月超の一時保護の承認のほか、親の同意がないままの子どもの施設入所や里親委託の承認を児童相談所が申し立てた場合、家庭裁判所が児童相談所に対して親指導を勧告できるようになった。以前に比べれば司法の関与が進んではいるが、一時保護そのものの判断については裁判所がかかわることはない。

乳幼児健診の会場で保護へ

「きょう、実施します！」

青空が広がっていたある日の午前10時、児童相談所内で開かれていた幹部会議で、所長が告げた。虐待が疑われる幼い姉妹を職権で保護する方針を伝えるものだった。

約1カ月前に児童相談所が管轄するエリア内のA町から連絡があり、児童相談所や関係自治体などが地域ぐるみで虐待に対応するための要保護児童対策地域協議会（要対協）で、対応を検討してきた事案だ。

保育園に通う姉の体のあちこちに、半年以上前から不自然なあざがあるのが繰り返し見つかっていた。母親は保育園の保育士に「遊んでできた傷」などと説明していた。だが、児童相談所が保育園に詳しく聞き取った結果、傷の場所や形から虐待の可能性が高いと判断するに至り、姉を一時保護することにしたのだ。

一方、1歳の妹については、状況が全くわからなかった。もし家庭内で、姉と同じような虐待があるとすれば、特に妹は赤ちゃんだけに命に直接かかわる事態だ。妹の安全確認の必要性も以前からずっと話し合われていた懸案事項だった。妹は保育園にも預けられておらず、身体の状態をどのように確認すればいいのかが、焦点だった。

さまざまな状況を検討した結果、児童相談所は、保健所での乳幼児健診があるこの日に照準を定めた。姉は保育園で保護し、妹は健診で医師に身体状況を確認してもらい、傷やあざがあれば一時保護をする、という計画を立てた。

だが、健診には当然、母親も一緒に来る。仮に保護すると判断したときに、どうやって母親と引き離し、騒ぎにならない形で妹だけを連れ出すのか。打ち合わせは続いた。

「母親とずっと一緒だと難しい」

「健診で母子が少しでも離れるタイミングはあるのか？」

「母親を呼び出すなどして注意を別のところに向けておいて、その間に赤ちゃんを連れ出すのは？」

一方で、妹に傷やあざがないこともありうる。その場合の判断も難しい。

「傷がないからといって保護しなくて大丈夫？」

「それは、わからない」

「1回保護して確認した方がいいのでは？」

「いずれにしても医師の判断が重要。健診担当の医師によく説明しなくてはならない」

ワーカーたちは町や保育園との連携、健診を担当する医師への説明、保護者への告知をどうするかなどの手順も確認した。

親と一緒にいる子どもを強制的に親から引き離して職権で保護するのは難しい。だからこそ、児童相談所は不測の事態にも備え、周到な準備を重ねる。それでも思い通りに事が運ぶとは限らない。児童相談所内にはふだんにも増して緊張した空気が漂った。

人繰りについても相談が始まった。児童相談所の仕事は多岐にわたり、通常の家庭訪問や親との面接、前日に保護した子どもからの聞き取りなどが同時進行している。姉妹を別々の場所で保護するこの日の一時保護は、いつもより多くの人手が必要だ。初期対応担当のワーカーだけでなく、ほかの課の職員や児童心理司などにも当日の予定をできる限りキャンセルしてもらい、対応できる職員をかき集めた。

児童相談所からA町へは車で1時間かかる。まず2人の職員が保育園に向かった。その後すぐに、町や保健所、保健師との打ち合わせのために、さらに4人が出発。保護したときのことを考え、チャイルドシートを積んで2台の車に分かれて、現地に向かった。現地では、健診する医師に事前に会って事情を説明、協力を求めた。健診会場の近くで、4人の職員は息を潜めて、母子がやってくるのを待った。

健診の開始時刻になると、我が子を抱いた地域の母親らが次々とやって来た。赤ちゃんの泣き声が響く。健診会場は賑《にぎ》やかになった。だが、当の母子は来ない。まだかまだかとワーカーたちは母子の登場を待った。だが、じりじりと時間だけが過ぎていく。健診が終了するまで待ったが、ついに母子は姿を見せなかった。

「妹の安全確認ができず、残念です。でも、母子を引き離すので修羅場になる可能性も高かった。申し訳ないけれど、そうならなくてほっとした思いも正直あります」

健診会場近くで待っていたワーカーのひとりはそう本音を漏らした。

一方、保育園に向かった2人のワーカーは、無事、姉を保護した。そのまま、姉の心身の状態を医師に診察してもらうために、病院へ向かった。

ワーカーたちからの結果報告を受けた児童相談所では、妹の状況は把握できなかったが、姉を一時保護したことを親に伝えれば、親が妹を抱えて来所するのではないかと見立てた。その親の来所時に妹の状態を確認することにした。

その日の夕方。予想通り、母親は妹を抱いて児童相談所に現れた。面接したワーカーが母親に姉を一時保護した理由などを説明しながら、妹の様子を確認した。無理やり奪い取って裸にすることはできない。目に見える範囲だが、妹に特段の異常は見られなかった。妹の保護は見送ることになった。

一方、保護された後の医師による診察を終えた姉は、午後4時すぎには児童相談所を経由して、一時保護を委託する養育里親のもとへ向かった。2人の職員が付き添った。

初期対応チームを率いる課長の上原民子は、職員に連れられた姉の後ろ姿を見送り、ほっとした様子を見せた。しかし、やっと見つかった里親も、預かってくれるのは2週間だ。

「その後は、また施設を探さなくてはいけない」

上原はため息まじりに言った。今後の姉の一時保護先の確保、さらには、親元にいる妹の様子もフォローしていかなければならない。

一時保護をしたとしても、それは始まりでしかない。

【キーワード】一時保護委託

心身の危険などがある場合に、児童相談所は子どもを一時保護する。保護された子どもたちは、通常は児童相談所に付設されている一時保護所に入所するが、一時保護所が満杯だったり、子どもが乳幼児など低年齢だったりした場合は、児童養護施設や乳児院、養育里親などへ一時保護委託される。2016年度の一時保護委託は、一時保護全体の4割を占める1万6276件あった。ゼロ歳から5歳までの子どもが占める割合が高い。

傷があったらみな保護なのか

保護するべきなのか、保護しなくてもいいのか——。

虐待通告を受け、児童相談所が判断を迷うケースは少なくない。

月曜日の夕方、児童相談所が管轄するエリアにある市の担当者から児童相談所に電話が入った。保育園に来ている4歳の男の子の頭部に傷があるという連絡が保育園からあったという。

初期対応チームのワーカー高橋美枝子が保育園に飛んでいった。高橋は自らも3人の子どもがいる40代の母親だ。

高橋が保育園に到着したときには、男の子はすでに帰宅した後だった。仕方なく、保育園から詳しく事情を聞き取った。保育園が撮影した男の子の傷の写真を見ながら、最近の様子などを聞いた。保育園によると、前の週の金曜日、男の子にはすでに傷があったという。週明けのこの日に、傷の数が増えていたため、市に連絡したと説明した。

しかも、男の子は日頃から不衛生な臭いがするため、保育園でシャワーを浴びさせていること、1年ほど前には白目が内出血していたことなども知らされた。迎えにきた父親に保育園の職員が、男の子の頭部の傷について尋ねたが、「知らんかった」という返事だったということも聞いた。虐待を疑う事態は何回も発生していた。だが、男の子がすでに帰宅してしまっている以上、打つ手がない。高橋は児童相談所に引き揚げるしかなかった。

高橋が児童相談所に戻って来たのは、午後7時半すぎだ。

「お昼も食べてない」

高橋は、そう言って、職場に置いてあったおかきを口に運んだ。口を動かしながら、所内の本棚に歩み寄り、並ぶ書籍類の中から、ひときわ分厚い本を取り出した。タイトルは『子ども虐待の身体所見』。ページをめくりながら、保育園から渡された写真と見比べた。

「だれが、何をすればこんな傷になるのだろうか」

この家庭には父母と兄弟もいる。

「だれがこんなことをするのだろうか」

まだ職場に残っていたほかのワーカーも加わり、高橋は写真を見ながら頭をひねった。子どもの体にできた傷は虐待によるものなのかどうか——。

その「見立て」によって一時保護するかどうかの方針も左右される。ワーカーの力量が試される場面だ。高橋は悩みに悩んだ。

「わからない……」

30分以上、写真を見比べたり、本の中にある説明を読んだりしていた高橋は、ため息をついた。

「保育園は金曜日に傷に気づきながら写真も撮っていなかった。それに今日の連絡も遅いですよね」とポツリ。「明日の夜、自宅訪問して安全確認しよう」。高橋はそう決めて帰宅した。

翌日の児童相談所はバタバタしていた。緊急の一時保護案件が複数発生、初期対応チームのワーカーたちが手分けして対応していた。高橋もその波にのまれていた。夕方になって、やっと時間ができた高橋は、対応について技術的な助言をもらっているアドバイザーに、保育園から入手した写真を見せた。

「だれがどうすればこんな傷がつくのかわからないのですが……」

遠慮気味に聞く高橋に、アドバイザーは、声を大にして言った。

「これは明らかに不自然な傷のつき方だ。だれが何をしたかということにとらわれすぎているのではないか。詳しい事実関係をとやかく言うより、疑いがあれば、まずは保護するべきだ」

所内からは、

「傷があったらみな保護しなくちゃいけないのか？」

「もし親が認めなければ、確証がない。そうなったときに、施設入所に親は同意しないだろう。児童福祉法28条も通らないのではないか？」

などの声が上がった。

児童福祉法28条は、親が子どもの施設入所を拒否した場合に、児童相談所が家庭裁判所に申し立て、家庭裁判所が承認すれば、子どもを施設入所させることができる規定だ。職権で一時保護をしたとしても、親が虐待を認めなければ、結局、家庭に帰すことになるのではないか、との心配からの発言だった。

アドバイザーは毅然とした態度で言った。

「裁判所が認めるかどうかはわからないが、我々はやるべきことをやればいい。傷を見てみろ。明らかに不自然なつき方だ。これだけの傷がついているのに、家に帰して死んでしまったら申し開きができないぞ。死なないという保証があるのか？　とにかく保護して聞き取り調査をするべきじゃないか」

この言葉に、所内のみなが反応した。一時保護には、調査目的のものもある。

課長の上原民子が壁を見上げると、時計の針は午後6時を指そうとしていた。急がなくては、また間に合わなくなる。保育園に電話を入れた。男の子を保護することを伝え、親が迎えに来ても気づかれないように、ワーカーが着くまで男の子を別の部屋で待機させてほしいと依頼した。

児童相談所から保育園までは車で1時間。ワーカー2人が保護に飛び出して行った。

高橋は児童相談所に残り、保育園から聞いていた親の携帯電話に連絡を入れた。幸い、親が保育園の迎えに行く前だった。一時保護することを告げ、児童相談所まで来てほしいと伝えた。

1時間半後、男の子の父母が児童相談所にやって来た。母親の大きな声が廊下に響く。

「なぜ勝手に連れて行ったのか。むかつく‼」

高橋は係長の高田勝と一緒に自席から立ち上がって部屋を出た。父母を迎えて面接室に案内した。2人がソファに座るのを見てからひと呼吸置いて、虐待が疑われたために一時保護したことを伝えた。男の子の頭にある傷について尋ねると、母親は、

「兄弟げんかですよ」と声を荒らげた。

「いい加減にして。警察に行きますよ」

「その日は何？　むかつく‼」

「警察呼びますよ」

母親は延々と、こんな言葉を高橋と高田に対して投げつけ続けた。抗議は約１時間続いた。高橋らは落ち着いた口調で、なぜ保護したのかを繰り返し説明した。結局、この日は子どもを帰してもらえないことがわかると、しぶしぶ父母は引き揚げていった。

この間、児童相談所では、この男の子をどこに一時保護するのかが問題になっていた。児童相談所に併設されている一時保護所では、年齢が小さすぎて対応できない。上原が委託できそうな児童養護施設に問い合わせるが、施設はどこも満杯。立て続けに断られた。わらにもすがる思いで、登録されている養育里親に連絡したところ、了承してくれた。だが、４歳児用の服はないという。一時保護所から４歳の男の子が着られる服をかき集めた。

男の子が病院での診察を終え、児童相談所に到着したのは午後９時半。人なつっこい笑顔を見せ、泣くことも全くなかった。それから児童相談所からはかなり離れた場所に暮らす養育里親のもとへ、保護してきた職員２人が、服を詰めこんだ袋を手に男の子を送っていった。

このケースは高橋の担当になる。男の子を送っていった職員が戻ってくるまでは帰るわけにはいかない。高橋は書類を作りながら、児童相談所で2人の職員の帰りを待った。

「今日は遅くなるかもと思っていたので、朝、シチューと煮物を家族に作ってきたんです」

ここ数日、高橋は風邪気味だった。咳をしながら自席のパソコンに向かった。数人の職員しか残っていない室内は静けさに支配され、高橋がパソコンのキーをたたく音だけが響いた。

この日、仕事を終えた高橋が自宅にたどり着いたのは午前0時半すぎ。家は寝静まっていた。シチューを食べた後、台所を片付ける気力もなく、高橋はふろにも入らず、そのままベッドに潜り込んだ。

【キーワード】児童養護施設

保護者がいなかったり、虐待を受けたりするなどして親と一緒に生活できない子どもに対する公的な責任として、社会的養護が行われている。対象になる子どもは、全国で約4万5千人いる。子どもが生活する先の一つが児童養護施設で、全国に615カ所あり、約2万6千人が暮らしている（2017年3月現在）。

そのほかに、家庭的な環境の里親（委託されている子どもは約５２００人）、定員が５～６人のファミリーホーム（同約１４００人）、赤ちゃんが対象の乳児院（入所する子どもは約２８００人）、社会生活への適応が困難な子どもが生活する児童心理治療施設（同約１４００人）、非行など生活指導が必要とされる子どもが暮らす児童自立支援施設（同約１４００人）、母子で生活する母子生活支援施設（生活する子どもは約５５００人）、義務教育を終了し、自立を目指す子どもが暮らす自立援助ホーム（同約５２０人）がある。

児童養護施設の形態としては、定員が20人以上の大舎、13～19人の中舎、12人以下の小舎、６人程度の小規模グループケアがある。

少し古いデータだが、２００８年３月には児童養護施設の7割強を占めていた大舎制が、２０１２年３月には5割に減少。厚生労働省が推進する小規模化が進んでいる。

しかし、２０１６年10月１日現在で、定員が１００人を超える施設が23あり、50人超は２７１施設ある。また、児童養護施設に入所する子どもの約６割、里親のもとで暮らす子どもの約３割が被虐待児だ。

２０１６年の改正児童福祉法は、子どもは家庭で心身ともに健やかに養育されるように、保護者を支援しなければならないと定め、それが適当でない場合は、家庭での養育環境と同様の、養子縁組や里親などでの養育を支援するとした。施設入所は、これらが適当でない場合のみに限定し、しかもその場合でも、グループホームや小規模グループケアなどできる限り良好な家庭的環境での養育にすることを義務づけた。

この改正児童福祉法を受け、2017年夏、厚生労働省の検討会が「新しい社会的養育ビジョン」を発表、3歳未満は5年以内に、3歳から就学前は7年以内に里親とファミリーホームへの委託率を75％以上とするなどの目標を掲げた。しかし、2017年3月末現在の里親委託率は全国平均で18・3％にとどまっており、地域差も大きいことから、全国児童養護施設協議会や全国児童相談所所長会などが反発、2018年2月現在で、目標は実質的に形骸化される可能性も出てきている。

第2章　子どもからのサイン

アイロン形のやけどがくっきり

「ふくらはぎに歯形がついている」

保育園から児童相談所に連絡があったのは、午後1時15分。以前、母親が大声で怒っていると近隣から虐待通告があり、児童相談所がこの半年ほど見守ってきた3歳の女の子だった。

この女の子の担当ワーカー（児童福祉司）は別のケースの家庭訪問中で不在だった。

「私、行けますよ。午後3時からの弁護士事務所での打ち合わせの前なら保育園に寄っていけます」

児童相談所にいた虐待初期対応チームの阿部圭子が手を挙げた。

「両親に知的能力の課題がある家庭です。傷を確認して、写真を撮ってきて」

初期対応チームを率いる課長の上原民子の言葉を背に、阿部は児童相談所を出た。

午後2時すぎ、保育園に到着。女の子は昼寝中で、阿部はまず職員から話を聞いた。保育園の担当保育士によると、女の子は着替えの途中で、自らズボンの裾をまくって、

「ママにかまれた」

「痛かった」

と保育士に言ってきた。

「痛かったな〜」と声をかけ、「泣いたのかな?」と聞くと、

「泣いた」と女の子は答えた。

それで、保育士が足を見ると、絆創膏《ばんそうこう》が2枚貼ってあったという。ほかには傷は見当たらなかったこと、この朝は父親が送ってきたこと、衛生面は心配ないことなども、阿部は保育士から聞き取った。

その上で、阿部は足音をさせないようにそっと、カーテンを引いて暗くなっている部屋に入り、昼寝中の女の子のズボンの裾をめくった。白い肉付きのいい足に、くっきりと歯形がついていた。傷がはっきりと確認できる。女の子を起こさないように、阿部はカメラのシャッターを押した。

部屋を出てから阿部はもう一度、保育士から女の子の日々の生活の様子などを聞き、緊急性はあまりないと判断した。保育士に、迎えに来た親に傷のことを尋ねるほか、女の子の様子を今後もよく見てもらって、少しでも気になることがあれば連絡してほしいと頼んで、弁護士事務所に向かった。

機敏に対応する保育園がある一方で、保護者との関係を気にして動きが鈍い所もある。

こんな事例があった。

3歳の女の子がやけどを負ったケースだ。保護者は、

「アイロンを使っていて不注意でやけどさせた」

「虐待を疑われるのがいやだから、保育園は休ませる」

と保育園に連絡してきた。保護者の言葉を信じて、保育園はそのままにしていた。

数週間後、この家庭で騒音がすると、近くの住民が町役場に通報した。町職員が家庭訪問し、さらに保育園に行ったところ、「そういえば……」とやけどの話が出てきたという。虐待の疑いがあると判断した町が児童相談所に連絡。児童相談所が確認したところ、女の子の体にアイロンの形がくっきりとついていたため、すぐに一時保護になった。

「子どもが死ぬ事態になっていなくてよかった」

以前にも傷やあざがあった、という情報を後から知らされるワーカーたちはいつも胸をなでおろす。

幼い子どもたちは、受けた虐待を自分の言葉できちんと説明することはできない。あざ

ややけど痕のような子どもたちの「無言のサイン」に周囲が早く気づけるかどうかがカギになる。児童相談所だけでなく、学校や保育園、病院など子どもたちに接する最前線の人たちにも問われることだ。虐待を見つけ、防ぐ「力」の底上げは全国的な課題でもある。

【キーワード】子どもの虐待死

虐待で亡くなった子どもはゼロ歳児が最も多く、加害者の半数超は実母――。2003年7月から2016年3月までに発生した子どもの虐待死（無理心中を除く678人）を分析した社会保障審議会児童部会の専門委員会の第13次報告書からは、こんな傾向がみてとれる。

虐待で亡くなった18歳未満の子どもの年齢は、ゼロ歳（313人）、1歳（80人）の順に多く、5歳未満が8割超を占める。

主な加害者は実母（374人）、実父（110人）、実父母（52人）の順。実母の交際相手が加害者になったケース（36人）も少なくない。

死因となった主な虐待の類型は、暴行などの身体的虐待（445人）とネグレクト（181人）で全体の9割超を占める。

加害の動機については、第2次から第13次報告までの653人をみると、「保護を怠ったことによる死亡」(97人)、「しつけのつもり」(81人)、「子どもの存在の拒否・否定」(66人)、「泣きやまないことにいらだったため」(59人)などが目立つ。不明も194人と多い。

また、無理心中による虐待死は、354件486人にのぼる。心中は日本独特とも言われ、海外では「殺人」ととらえることが多い。日本でも、以前から「心中」と呼ばずに「母親の自殺と殺人」という認識をもつべきだと主張してきた研究者もいる。

虐待による死亡については、詳しい背景がよくわからない事例のほか、実際には虐待の可能性があっても見逃されて国の統計に含まれない事例も相当数あるとみられる。このため、最近は、自然死以外で亡くなったすべての子どもについての情報を関係機関の多職種の専門家が持ち寄り、原因や背景を一例一例きちんと調べ、再発防止策を探る「子どもの死亡・登録検証制度(Child Death Review=チャイルド・デス・レビュー)」の必要性を唱える研究者や医師が増えている。

頬とおでこに見つけた内出血

午後3時すぎだった。

管轄するエリア内にある市の担当者から児童相談所に連絡が入った。状況はこうだ。この日の午前11時に、小学校の校長から市に連絡があった。2年生の男の子の顔にあざを見つけた、という内容だった。校長が直接聞き取ったところ、男の子は、「同居の男性にたたかれた」と話した。

「週に1〜3回はグーでたたかれる」とも。

その連絡を校長から受けた市の職員が午後、学校に赴き、この男の子に面会して聞き取りをした後に、児童相談所に連絡してきたのだという。

児童相談所内では、すぐに緊急の会議が開かれた。子どもや学校から市の担当者が聞き取った生活状況やたたかれたときの様子が報告された。それによると、たたいたのは、母子家庭の中に入ってきた内縁の男性。暴力は日常的にあることがうかがわれた。男性は3歳の弟にもかみつくなどしているという。

親に警告を出して終わりにするか、保護をするか。所内で議論した。

「保護しましょう」

午後3時50分。所長が決断した。顔をあざができるほどたたく、しかも日常的に行われている可能性があるというのが判断の基準となった。

所内にいた職員が一斉に動き出した。だが、もう夕方だ。学校も放課後に入る。急がなくてはならない。職員のひとりが、すぐに3歳の弟が通う保育園に連絡。弟への虐待がないかを確認した。

ほぼ同時に、初期対応チームを率いる課長の上原民子が小学校に電話。一時保護を決めたこと、ワーカーが小学校に向かうので男の子を帰宅させないでほしいこと、子どもを安全なところに確保してから、児童相談所が親に連絡をすること、ワーカーと一緒に行くのはイヤだと子どもが言うこともあるので、そのときは無理やり保護はできないこと、一時保護をすれば事情がはっきりするまでは子どもは児童相談所でしばらく預かること、一時保護したら学校の学習プリントなどを持ってきてもらうなどの協力をお願いすること、親が学校に苦情を言うようなことがあれば、「子どもにあざがあるような場合は、学校は児童相談所に連絡することになっている」と言ってもらえばいいこと——などを伝えた。

上原は電話を切ってすぐ、

「だれか行ける？」と声をかけた。

「校長は午後4時半までしか在校していない。それまでに来て、と言っている」

その間もワーカーの阿部圭子が、保護した後に男の子の心身の状態を診察してもらうため、病院に電話を入れ、一時保護された場合は子どもを連れて受診する旨を連絡していた。

小学校との電話を終えた上原はワーカーたちが動き出したのを見て、今度は一時保護所に電話を入れ、今晩から小学生が入る予定であることを伝えた。


午後4時10分、ワーカーの山田愛ら2人が車で小学校に向かった。校長が在校している間に到着しなければならない。時間がなかった。

20代の山田は初期対応チームに入って1年目だ。車の中でつぶやいた。

「本人がいやって言うかもしれない……。市は午前中に学校から連絡を受けているのだから、もう少し早く連絡をくれたらいいのに」

放課後より、授業中に子どもを呼び出して保護した方が、ほかの子どもたちの目に触れずに済む。校長や子どもから話を聞く時間も十分にとれる。どうして……。そんな思いが山田の胸に湧いた。でも、ぼやいても仕方ない。焦る気持ちを抑え、来たるべき保護に向けて心を集中させた。

午後4時28分、学校に到着。山田はまず担任と校長にあいさつし、男の子の名前とこの日の状況を確認した。男の子は進といった。ひと通り話を聞いた後に、

「進くんにアレルギーはありますか」

と尋ねた。担任は「ない」と回答した。一時保護をすることになると、子どもは生活する一時保護所で食事をすることになる。アレルギーの有無のチェックは欠かせない。

山田らが校長と一緒に会議室で待機していると、しばらくして、担任に連れられて進が廊下を歩いてきた。ランドセルを背負った小さな進は、知らない大人たちがいる会議室にこわごわとした様子で入ってきた。頰が赤く腫れている。

山田が進に向かってしゃがみ込みながら、笑顔で、丁寧に、ゆっくりと話しかけた。

「児童相談所から来ました。私は山田愛といいます。人を殴ったり、たたいたりすることはよくないことだから、家族と話をしたいと思います。進くんを守るためにね。でも、そのためには、少し待ってもらわなければいけないかもしれない。お泊まりしてもらうことになるけれど、いいかな?」

「はい」

進は躊躇することなく、素直にうなずいた。

「家族とお話をするからね。進くんを守るために一生懸命頑張るからね」

山田は笑顔で話し続けた。

午後5時すぎ、進は緊張しながらも、素直に山田とともに児童相談所の車に乗り込んだ。学校にまだ残っていた生徒たちが遠巻きに進と山田らの様子を見ていた。

車が滑り出すと、後ろの座席に山田と並んで座った進は、ふだんどんなことをして遊んでいるか、宝物が何かなど、饒舌《じょうぜつ》に話し始めた。

「あ〜、よかった。拒否されなかった」

山田は心の中で思いながら、進の話し相手を務めた。車は、進が受診する病院へ向かっていた。虐待で心身に異常を来していないか、診察してもらうためだ。

午後5時半すぎ、進を乗せた車は病院に到着。夜間の救急外来で診察を受けた。

「痛いところはある？」

女性の医師が進に語りかけた。神妙な面持ちでベッドに横たわる進の全身を、注意深く触りながら異常がないかを診る。

「頬とおでこに内出血があります。かなり強い力じゃないとできないものです。手によるものではないですね。栄養状態は悪くないです。身なりも悪くないし、虫歯も気になるほどではないですね」

医師は山田に話した。


子どもに危険がおよぶ可能性があると判断して実施される児童相談所の職権による一時保護は、子どもの命を守るための初動でしかない。子どもの診察、親との面談、児童相談所には次々と対応しなくてはならないことがある。

進が診察を受けているちょうどそのころ、児童相談所には、進の母親と同居する男性が来ていた。一時保護したとの連絡を受けて飛んできたのだ。児童相談所にいた課長の上原とベテランワーカーの山本和子が対応した。

母親は華奢《きゃしゃ》な感じだったが、落ち着いていた。上原が進の頬などにできたあざの写真を見せると言った。

「こんなあざができていたんですね。今朝は気づかなかった」

「顔面や頭部の傷は、大人はそれほど傷つける意図はなくても危険です。だから保護させてもらいました」

との説明に、「はい」と返事をした。

同居の男性はたたいたことを素直に認めた。上原は、あざができるほどたたくことの危険性を伝え、なぜそういう行動になるのかを聞いた。男性は、

「進はついたらいかんウソをつく。宿題やっても覚えが悪い。イライラしてたたいた」

さらに「連れて帰れないのか」と繰り返し聞いてきたが、しばらく進には会えないこと、児童相談所との面談をしながら今後のことを話し合っていくことなどを上原が伝えた。2人は1時間ほどで児童相談所を後にした。

一方、山田は、病院での診察を終えた進を児童相談所に連れて行こうとしていたが、面接に来ているはずの母親らと鉢合わせするのを避けるため、コンビニの駐車場に車を止めた。ポケットマネーでリンゴジュースを買って、進に渡した。進がふいに、

「お母さんは？　お母さんに会いたい」

と言い出した。山田はギョッとしながらも笑顔で、

「そうだね。いまはジュースを飲もうか」

と話をそらして、ジュースの封を開けた。

「おいしい？」と声をかけながら、進が好きな遊びの話に話題を向け、時間をつぶした。

山田の携帯電話が鳴った。上原からの連絡だ。母親らが児童相談所を後にしたとのことだった。

「じゃあ、行くよ！　出発進行!!」

山田は進が不安にならないようにと元気よく言うと、進も、

「しゅっぱ〜つ〜！」と声をあげた。

進が児童相談所に到着したのは午後7時すぎ。この日から、進は児童相談所に併設される一時保護所で寝泊まりすることになる。

山田は面接室に、進を連れて行った。しばらくすると、一時保護所の男性職員が、進のためにとって置いた夕食をお盆にのせて運んできた。

鶏のソテー、酢のもの、スパゲティサラダ。面接室で進は、それらをおいしそうに口に運びながら、一時保護所の職員と話をし始めた。これから一時保護所というところで眠ることなどを説明されると、

「そこって、遊べる？」

「ビデオとかあるの？」

進は矢継ぎ早に質問した。

「ドラえもんとかあるよ」という職員の答えに、

「やったー‼」

と進はうれしそうに腕を突き上げた。この職員は「インテイク（最初の面接）の神様」というあだ名がつくほど、一時保護されてきた初対面の子どもに対して、不安を取り除き、一時保護所での生活にスムーズに移行させるのが得意だ。進もすっかりなついていた。

進は、一時保護所には貴重品を持ち込めないという説明を聞き、宝物だという石をポケットから取り出した。

「金庫に入れておいて！」

山田にその石を手渡すと、職員に連れられて一時保護所に向かった。

小学生以上になると、一時保護を嫌がる子どももいる。最初は一時保護に「うん」と行っても、途中から「イヤだ」と言い出す子どももいる。そういう場合は、保護に行ったワーカーたちが一番対応に困る。山田もこの日は祈るような気持ちで学校に出向いたが、無事に保護できたことに、心からほっとしていた。

一時保護所に移動する進の後ろ姿を見送りながら、山田は笑顔で言った。

「今日は子どもが素直で、順調でした」

【キーワード】一時保護所での生活

保護期間中は、心理検査や診察、ワーカーとの面接、家庭調査などが行われ、家庭引き取りや児童養護施設などへの入所の方針が決まる。虐待を受けた子どものほか、非行、父母の病気などによる養護など、入所する子どもの背景はさまざまだ。

保護者による強制的な引き取りなどを避けるため、原則として一時保護所からの通学は認められていない。プリントなどを中心にした勉強時間は設けられているが、子どもの学習権の確保が課題となっている。

一時保護所は虐待などで傷ついた子どもが最初に生活する場だ。子どもたちにとっては極めて大切な場所だが、その一時保護所の環境や中での対応がひどすぎるという指摘もある。なかには、大部屋だったり、私語を禁止したりしているところもあるという。そのため、一度環境の悪いそうした一時保護所での生活を経験すると、本来なら保護すべき状態にあるのに、保護を嫌がる子どもが出てくることもあり、一時保護所のあり方は大きな課題になっている。

一時保護所の環境が不十分として、厚生労働省は居室の小規模化など個別対応ができる構造上の整備や職員配置の増加、第三者評価の導入を進めるよう求めている。

真夜中の脱走

トレーナーにジャージー姿の女子高校生2人が、スーパーの中にあるフードコートに座っていた。

「いた！」

児童相談所の男性ワーカーが走り寄る。

「やばっ」

ワーカーの姿に気づいた女子高校生2人は慌てて逃げ出した。

2人は一時保護中の高校生。保護されていた一時保護所をだれにも言わずにこっそりと抜け出し、行方をくらましていたのだ。この2人が部屋にいないことに、一時保護所の職員が気づいたのは、この日の朝。連絡を受けた児童相談所のワーカーらが朝から手分けをして捜していた。スーパーに来ていたワーカーは男性2人。猛ダッシュをかけて、女子高校生2人を何とかつかまえた。

あたりはすっかり暗くなっている。時計を見ると、午後7時を過ぎていた。

児童相談所に連れ戻した後に2人に事情を聴いたところ、ひとりが前日からのことを職員に話した。

前の晩、就寝時間をだいぶ過ぎた午前1時ごろ、宿直の職員の目を盗んで一時保護所の外に出た。近くにあった自転車に二人乗りし、コンビニを転々としたという。

一時保護の際には携帯電話や現金を事務所に預けるため、手元には一銭もなかった。道で拾った小銭で菓子を買い、ミカンを万引きして腹を満たした。友人宅に立ち寄って少し眠ったり、たばこをもらったり。その後、おなかがすいてスーパーの試食コーナーをはしごしていたら、ワーカーに見つかってしまったのだそうだ。

スーパーは一時保護所からは約5キロも離れた場所にあった。

「閉じ込められている感じがした。たばこが吸いたかった。でも、(一時保護所の)金曜日の献立が好きな鶏のから揚げだから、それまでに帰ってくるつもりだった」

この女子高校生は約1カ月前に家出をし、帰宅を拒否したため、一時保護された。入所理由は夜間徘徊などだ。だが、もともとは虐待の被害者でもある。小学生のころは母親にほったらかしにされ、体からは臭いがしたという。3年ほど児童養護施設で生活した後、母親と離婚した父親に引き取られたが、今度は父親から身体的な虐待を受けた。それでまた母親のところに戻ったものの、いまも母親とはうまくいっていない。だから、深夜に家を出て、町をふらついていたのだ。

担当のワーカーに呼ばれた面接室の前で、ふてくされて床に座る姿は痛々しくもあった。

一時保護所は子どもにとっては衣食住が確保されて安全な半面、決まり事が多く、不自由な場所でもある。大部屋のことも少なくない。入所中は携帯電話の使用は認められず、外部とは連絡がとれない。中高生が入所をいやがる大きな理由の一つだ。

また、親による強制的な引き取りを防ぐため、原則通学も認められない。プリントを中心にした授業はあるが、子どもたちの学ぶ権利が保障されているとは言いがたい。年齢の幅が広く、虐待、非行などさまざまな背景のある子どもが一緒に生活するので、職員には高い力量が求められる。

ある夜の一時保護所。

「腰が痛い」

中学生の女の子が、女性職員に訴えてきた。最近は「目が痛い」と言うこともある。すると、近くにいた小学5年の女の子も、

「指が痛い」

と言い出した。

職員がやさしく腰や指をさすると、2人とも安心したように笑顔を見せた。だが、患部を見ても異常はない。原因となるようなこともなさそうだ。職員はそれをとがめたり聞いたりすることもなく、「どうしたんだろうねえ」と言いながらさすり続けた。

「大人とのかかわりを求めているのかもしれないですね」

子どもたちが寝静まった後、職員は言った。

子どもたちはどうしようもない寂しさを抱えている。

【キーワード】虐待を受けた子どもたち

虐待を受けた子どもたちは自分に自信がなく、自己肯定感や自己評価が低いのが特徴だ。「生まれてこなければよかった」。そんな感情を抱くことも少なくない。親から暴力を振るわれたり、育児放棄されたりするのは、「自分が悪い子だから」と思う傾向も強い。

虐待を受けた子どもは、無意識のうちに大人を試したり、いらだたせたりする行動をとることが多く、接する大人にその知識がないと、子どもの行動に腹を立て、怒鳴ったり、たたいたりという事態になりかねない。

非行に走る子どもの背景には虐待があることが多い。また自殺も、人によっては被虐待の体験が関係することがあると言われている。

親など特定の人との愛情を深めることができずに育つと、他人とうまくかかわれずに、だれとも親密な関係を結べなかったり、逆に見知らぬ人にべたべたしたりといった「愛着障害」を起こすこともある。

本棚によじ登る

病院についた途端、徹は走り出した。

「危ないからちょっと待って！」

担当ワーカーの阿部圭子が叫ぶ。

徹は小学1年生。父親に殴られ、顔にあざをつくって登校、学校からの虐待通告を受けて、児童相談所が10日ほど前に職権で一時保護した男の子だ。

徹はとにかく落ち着きがない。阿部が車を運転し、児童心理司の石川綾子に付き添ってもらって病院に連れてきたが、病院の入り口に着いたとたん、徹は車のドアを開けて飛び出して行った。石川がやっとのことで腕をつかまえて病院の中に入ったが、今度はその手を振り払って、あちこち走り回る。

車を駐車場に止めてきた阿部が加わって、石川と2人で追いかけて、つかまえようとするが、徹は2人の伸ばす手をすり抜けていく。床に寝そべり、起き上がっては走り、また、寝そべる。手を広げ、飛行機が旋回するように走り回る。阿部と石川2人の大人が追いかけるが、徹はするりとかわしてしまう。

阿部はやっとの思いで徹をつかまえて、手をつなぎ、小児科へ連れて行った。待合室にあったブロックで遊びながら待っていると、徹の名前が呼ばれた。

出てきた看護師に連れられ、徹は医師の待つ診察室に入っていった。阿部と石川がほっとした表情で診察室の外のいすに座って待っていると、まもなくして徹が飛び出してきた。

「トイレ！」

看護師が後を追って出てきた。トイレに走って行った徹を、看護師とともに石川も追いかけた。

その間に、阿部が医師に呼ばれた。阿部は申し訳ない思いで診察室のドアを開けた。

「極めて多動傾向の強いお子さんですね」と医師。「入ってきて、本棚に登ろうとしました」

阿部が保護の経緯を説明すると、

「自分では『はしゃいで悪いことをして施設に入れられた』と言っていましたよ」

と医師が徹からいま聞いたことを教えてくれた。

徹は父親に顔面を殴られたことが複数回あった。児童相談所としては、あざができるほど顔面を殴ることが続いたことを重視し、一時保護に踏み切ったケースだ。

両親は数日前にすでに来院し、医師と面談している。だが、医師によると、両親の希望は、

「服薬はしたくない」とのこと。父親は、

「ちょっと元気で困っている。（殴るのは）しつけだから」

と繰り返したという。

「ご両親は、お子さんが発達障害であることを受容していないので、治療は慎重にしないといけないですね」

医師は阿部に向かって言った。

一時保護中の子どもが通院する必要があるときは、担当のワーカーが付き添う。車での

移動のため、通院には必ずもうひとり職員が同行することになっている。道中での子どもとの会話や医師の診断は、家庭での状況を把握し、親子関係の改善を図るうえでも大切だ。病院から一時保護所への帰りの車中、徹は約45分間、話しっぱなしだった。家では母親のことを「ママ」と呼ぶけど、外では「お母さん」と呼ぶこと、母親と弟とカラオケに行ったこと、父親と釣りに行ったこと、家族で温泉に行ったこと……。話は尽きない。

阿部はハンドルを握り、相づちを打ちながら耳を傾けた。

児童相談所が対応する子どもたちは、こうした多動傾向のある子どもが少なくなく、対応は大変だ。発達障害などがあることも珍しくない。医師に診てもらい、検査をして、現状を把握、投薬の必要性や対処方法などを見つけるとともに、家に帰すためには、保護者にもその状況を把握してもらい対処方法を学んでもらわなければならない。

10日後、同じ病院で、知能検査があった。

徹は相変わらず、病院に着くなり走り回ったが、阿部の目には、前回よりは落ち着いているように見えた。病院の担当者に徹を引き渡し、部屋の外で検査が終わるのを待った。

約1時間半後、徹が飛び出してきた。それに続いて、検査の担当者が疲れた様子で姿を現した。

「すみません。検査できませんでした」

いろいろ声をかけて、落ち着かせようとしたが、徹はすぐに関心があちこちに飛び、我慢して座っていることができなかったようだ。

一時保護所に連れて帰るしかない。阿部は日々のスケジュールがぎっしり詰まっている中で、何とか時間をひねり出して、検査のための通院予定を入れたのだが、この日の約3時間は一時保護所と病院を往復しただけになってしまった。手帳を見ながら、改めて検査の予定を入れた。

「疲れましたね」

阿部は苦笑いをした。

【キーワード】発達障害

発達障害は、子どもが成長・発達していく過程で、理解や行動に問題があり、生活や学習の中で問題が出ている状態をいう。生まれつきの特性と言われているが、それだけでなく、親のかかわりなどの養育環境、学校などでの集団生活との関係、また突発的な体験などが影響することもある。

発達障害には、注意欠如・多動性障害（ＡＤＨＤ）、広汎性発達障害（自閉症、アスペルガー症候群）、学習障害（ＬＤ）などがある。

ＡＤＨＤは、不注意（集中できない）、多動・多弁（じっとしていられない、一方的にしゃべりつづける）、衝動的に行動する（考えるよりも先に動く）が特徴。広汎性発達障害は、言葉の発達の遅れやコミュニケーションの障害、対人関係がうまくできない、興味や行動に偏りなどがある。ＬＤの子どもは、知的な発達には問題はないが、「読む」「書く」「計算する」など特定のことが極端に苦手だ。

厚生労働省によると、乳児院や児童養護施設で生活する子どもたちのうち、約３割が発達障害を含む何らかの障害があるという。

「触られるのはイヤだけど、父親は好き」

「どうやったら事実が出てくるだろうか」

ワーカーになって11年目の山本和子は少し緊張していた。児童相談所内で性的虐待の疑いがあって一時保護している中学生の由紀に、事実を確認するための面接をすることになっていたからだ。面接をどう進めるか、山本は、由紀を担当するワーカーの阿部圭子と児童心理司の石川綾子らと打ち合わせをした。

初期対応チームのベテランで、40代の山本は、数カ月前に、性的虐待の疑いのある子どもへの面接方法について学ぶ研修を県外で数日にわたって受けてきた。児童相談所の中で3人しかいない、面接のノウハウを知る貴重な人材だ。ただ、今回は、山本にとっては性的虐待の事実を確認する初の実践になる。

性的虐待の場合、とくに1回目の面接で子どもから事実を聞き出すことが重要とされている。子どもの証言は「証拠」となるが、何回も同じことを聞くと、証言が変遷したり、子どもの心の傷をより深くしたりしかねないからだ。

由紀の場合、学校や一時保護した直後の保護者との面接などからの情報を総合すると、自分の部屋があるにもかかわらず、家族全員が同じ部屋で寝ていた。そこで、両親の性行為を見ていると思われた。また、父親とも一緒にふろに入っているとのことだった。具体的に何が起こっているのか、山本は確かめたかった。

午後1時半、山本は一時保護所から連れてきてもらった由紀と、面接室で向き合った。

「昼ご飯を食べてからこれまでのことを話してください」

この質問から始まった面接は、約1時間。山本は、父親とのことを聞いていった。誘導質問にならないように「それから？」「その後のことも教えて」などと尋ね、客観的な事実を引き出そうとした。

その結果、中学生の由紀が父親とふろに入っているという事実はわかった。だが、具体的な行為の詳細を確認することはできなかった。

面接を終えた山本は「難しかった」とポツリ。

「私の力不足です」

事務所に戻ってきた山本は上司に報告した。

この面接で、担当ワーカーの阿部は記録係をした。事案の見立てをし、今後の対応を決めなくてはならない。家に帰すのは危険と判断して児童養護施設に入ってもらうのか、あるいは注意しながらも親元に帰すのか。

由紀は婦人科の検診はいやがって受けなかった。だから、現段階では客観的な「証拠」は何もない。できることは、あらゆる情報を集めることだ。阿部は、家庭訪問をして、家の中の様子を見たり、父母ら家族からの聞き取りをしたりした。由紀の通う中学校、弟が通う保育園などにも話を聞きに足を運んだ。

「(ふろは)娘から誘ってくる」

と父親は阿部に対して繰り返した。一緒にふろに入るときにどんな様子なのか、どんなやりとりがあるのかを聞くと、父親と由紀の説明には食い違いがあった。実際に何が起こっているのかは、なかなかはっきりと出てこなかった。

「父親について、（由紀が）かばっているような感じもする」

と阿部は言う。

虐待を受けた子どもは、自分が事実を話すことで家族をバラバラにしたくないという思いを抱くことがある。

数年前、阿部は、父親が布団に入ってきて胸を触ってくると漏らした小学生を、一時保護したことがある。だが、この小学生は最初、一時保護に同意しなかった。阿部が学校を訪ねて説得し続けたところ、3週間後に子ども自身が決断し、一時保護することができた。あとでなぜ最初は保護に応じなかったのかと聞くと、この子は、

「自分のせいで家族が壊れる、と思っていた」と答えた。

「子どもには『触られるのはイヤだけど、父親は好き』という気持ちもあるんですよね」

と阿部は分析する。また、性的虐待の場合は、小さいときから繰り返されていると、されていることが「よくないこと」であるという認識を子どもたちが持ちにくいこともある。

由紀は最初は、「あなたの安全を守るために」という言葉にうなずき、素直に一時保護に応じた。

だが、学校には通えないし、友人にも会えないという一時保護所での生活が約2週間続き、「家に帰りたい」という気持ちが出てきている。

児童養護施設への入所を進めるのか、家庭に戻すのか。阿部はそろそろ今後の方針を決めていかなければならない。

「由紀は、この家で、この家庭で、本当に守られるのだろうか」

阿部は悩みに悩んでいる。

【キーワード】子どもへの性的虐待

2016年度に全国の児童相談所が対応した児童虐待相談は12万件を超えた。そのうち、性的虐待は1622件（1・3％）で、10年前より442件増えた。しかし、性被害は誰にも相談できなかったり、小さな子どもは何が起きているのかわからなかったりするため、ごく一部しか表面化しないとされる。

虐待を受けた子どもは自己評価が低く、「自分には価値がない」「自分が悪い」と考

えがちだが、性的虐待を受けた子どもは、それに加えて「自分が汚い存在になった」と感じる傾向があるという。辛くて耐えがたいことに対して、すっぽりと記憶が抜け落ちていたり、自分の感覚をどこかに飛ばして痛みを感じなくしたりする「解離」という症状が出ることもある。性的虐待は「魂の殺人」と言われるほど、精神的なダメージが大きいとされる。

いいタッチと悪いタッチ

月曜の朝一番。虐待初期対応ワーカーの阿部圭子のもとに一時保護所の職員がやってきた。阿部が担当する一時保護中の小学1年の弘が、夜に小学2年の正人の布団の中に入り、パンツを下ろして性器の触り合いをしているところを、職員が見つけたという。

一時保護所の職員が2人に個別に話を聞くと、弘は「保育園のときに、ほかの子に誘われて（やって）、気持ちよかったから」と言い、正人は「2回目」と言ったという。

「金曜の夜に発覚したので、その夜から別室にして1人ずつで夜眠るようにしているが、今週、また一時保護の子どもが入ってきそうなので、どちらかはだれかと同室になるかもしれない」

一時保護所の職員は頭を抱えながら、阿部に説明した。

「弘はもうすぐ家庭引き取りの方向です。（そのまま帰せないので、対応を）急がないといけないですね」

と阿部が応じた。

子どもたちが性的な興味をもつことはふつうのことだ。だが、遊び心で始まったことも放っておくと、性的な問題行動につながるかもしれない。性的な問題行動は、被害者が加害者になり、連鎖していく可能性もある。早めに対応していくことが大切だ。


阿部は午後、正人を担当するワーカーの山田愛と、児童心理司の石川綾子、一時保護所の職員らと打ち合わせをした。現段階での子どもたちの言い分、様子など情報を共有、まずは阿部と山田がそれぞれ弘と正人から事実を確認し、その後、石川が主体となって子どもたちに話をすることにした。

「性的な興味があることは当たり前だし、悪いことではない。でも、マナーやルールを教えておかないといけない。この段階で発覚してよかったのでは」

と石川が発言した。

阿部はすぐに弘との面接に入った。弘はこう言った。

「保育園でされたときはイヤやなあと思った」

「大事なところやとわからんかった」

山田もほとんど同時に別室で正人と向き合った。正人は言った。

「（弘が）おもしろいことしようって、布団に入ってきた。下半身裸になって、おしりの穴に突っ込んだ」

2人の聞き取りを終えた後、阿部と山田、石川らは、触ってはいけない「プライベートパーツ」があることを教える時間をもつことを決めた。

翌日の夕方、面接室に集まり、弘と正人を呼んだ。石川が資料を見せながら語りかけた。

「暴力ってどんなことだと思う？」

人を傷つける暴力について話し始め、その後、身体に触る行為について説明していく。

「タッチにはいいタッチと、悪いタッチがあります」

「友だちと手をつなぐのは、いいタッチ。たたくのは悪いタッチ」

「悪いタッチは体も、心も傷つけます」

弘と正人は、もじもじしながらも耳を傾ける。

石川は続いて、「プライベートパーツ」の話を始めた。プライベートパーツとは、水着で隠れる部分だ。

「みんなが安心して生活するための大切なルールがあります。それは、プライベートパーツのルールです」

プライベートパーツは、ほかの人のを触ってはいけない、自分のも触らせてはいけないことなど一つずつルールを説明。クイズを出しながら、2人の理解を確認していった。

「だれかに『プライベートパーツを触って』と頼まれたら触ってもいいですか？」

その質問に、弘と正人は、

「ダメ～」と声をそろえた。

「きょうはここまでが精いっぱいやね」

集中力がなくなってきた2人の様子を見て、石川が言った。約1時間の「授業」の後、弘と正人はバタバタとうれしそうに部屋を出て行った。

行為を連鎖させないためにも、子どもたちに積極的に働きかけることが必要だと、ワーカーや児童心理司たちは考えている。

【キーワード】子ども間の不適切な性的行動

子ども間での不適切な性的行動は児童養護施設などでもみられることが少なくない。男の子同士が多く、女の子同士、異性同士もある。1対1とは限らず、複数で体を触ったり、性器をなめたり、なめさせたりということが起こっている。保護者の行為をまねするようなケースもある。こうした性加害・性被害は、施設内で連鎖することも多い。加害者のほとんどはもともと被害者だったといわれる。

こうした性加害・性被害は子どもたちが集団で生活しているところでは、児童養護施設に限らず、どこでも起こりうる。児童養護施設の子どもに詳しい臨床心理士によると、親と暮らせず、無力感を募らせた子どもが、自分より弱い子どもに向けて支配性を高め、こうした行動に発展するという。

予防するためには、施設の小規模化や里親委託を進め、大人の目を増やすことが有効とみられる。また、加害者を加害者として排除したり、罰したりしても解決にはならず、被害者のケアとともに、加害者に対しても彼らが抱える被害者性に目を向け、そこから対応していかないと連鎖を断ち切ることはできない。

「家に帰りたくない」

一時保護中の娘2人を児童養護施設に入所させることに同意しなかった母親が一転、同意した。保護者の同意がなくても施設入所ができるとする児童福祉法28条に基づく家庭裁判所への申し立てをせずに済み、本来ならほっとしていいところだが、初期対応ワーカーの阿部圭子の心はどこかすっきりしない。これからのことを考えると、悩ましいのだ。

母子は生活保護を受けて暮らしていた。母親は酒を飲み、大量服薬したり、リストカットしたり……。あるとき、包丁を娘2人にも向けたため、児童相談所が一時保護した。そのときは2人の娘は「家に帰りたくない」とはっきりと意思表示をした。

子どもたちを一時保護した児童相談所に対して、その児童相談所から担当ワーカーとして接触してくる阿部に対して、母親は当初、反発した。ふてくされ、怒り、施設入所の話には一切応じなかった。だが、一時保護から約2カ月がたち、しぶしぶ施設入所に同意してきたのだ。このまま施設入所を拒否し続けても子どもたちには会えないが、施設入所を承諾し、子どもたちが施設に入れば、面会することができる、と考えたようだ。

母親は知的能力に課題がある。地域で母親を支えていく態勢を整えないと、子どもたちを帰宅させるのは難しいのではないか、というのが阿部の考えだ。

「今日はきちんと理解しての同意ではなく、早く会いたいからの同意だとみています」

その一方で、阿部が母親を見る目は温かい。

「お母さんは悪ぶっているけれど、本当はとてもかわいいいんですよ」

母親が子どもたちの施設入所を了承したことを受け、阿部は母親に電話をして、子どもたちが施設に入所するために必要な下着や洋服、くつなどを用意するように丁寧に説明した。

「お母さん、明日午後4時ごろに家に行ってもいいですか。そのときに、下着や服、くつ下、くつ、いまの季節のものだけでいいのでお願いします」

翌日、阿部が約束の時間に自宅を訪ねると、母親はこれまでの仏頂面とは違い、ニコニコと笑顔を見せた。2人の子どもにそれぞれ1箱ずつ、洋服などをいれた段ボールを用意していた。

阿部は持参した「確認書」を取り出し、母親に見せた。何が問題だったのかを理解して改善してもらうため、書面にはこんなことが書かれていた。

①子どもの前で包丁を持ち出さない。大量服薬もしない。
②子どもはそれを怖がっている。
③改善するために、子どもたちが施設に入所することに同意する。
④子どもたちとの面会、電話、外出、外泊は児童相談所の計画に従う。
⑤関係機関と協力して支援を受けていく。

阿部が確認書への署名を求めると、母親は素直にサインした。

その足で、阿部は荷物を姉妹が入所した児童養護施設に車で運んだ。その際、姉妹にも面会。母親が施設に入ることに同意したことを伝えた。

「お母さんに会いたい?」

阿部がそう尋ねると、軽度の知的障害がある姉は大きくうなずいた。一方、隣に座っていた小学生の妹は「う〜ん」と考え込み、すぐには返事をしなかった。

10日後、阿部は再び施設を訪ねた。今度は姉妹それぞれと個別に面談して、施設での生活状況や母親への思いなどを聞いた。

姉は「家に帰りたい」と言った。それを受けて、阿部は姉妹がなぜ施設に来たのかを説明。

「お母さんが治っていないと同じことになるから、一緒に確かめていこうね」

と声をかけた。

一方、前回の面談では、母親と会うことを渋った妹に改めて、

「お母さんが会いに来るといったらどう?」

と阿部が聞くと、妹からは、

「うれしい」という答えが返ってきた。

「不安なこと、心配なことはない?」と尋ねると、

「ない」

その答えに、阿部は、母親に包丁を向けられ、怖い思いをした気持ちが薄れつつある、と感じた。

もう少し細やかに妹の思いを把握したいと考えた阿部は、紙を取り出し、それに1本の線を横に引いた。右端に「不安」、左端に「早く帰りたい」と書いて、「いまどのあたりにいるかな?」と聞いた。妹は左から4分の1ぐらいのところに○をつけた。

「まだ不安が残っているのね。その理由はどんなことかな？」

阿部の問いかけに、妹が言ったのは、「また薬とか飲みそう」だった。

姉妹が「帰りたい」と言っても、母親の行動改善が進まなければ、家に帰すわけにはいかない。母親の背中をどう押していくのか。地域で母親を支える態勢をどう整えるのか。それが大きな課題だ。そんなことを考えながら、阿部は姉妹が暮らす児童養護施設の職員に言った。

「来月は、母子面会を考えたいと思います。また連絡させていただきます」

第3章　親と向き合う

「大きなお世話。来てもらわんでいいです」

午後8時。あたりはすでに真っ暗だ。

住宅地図を見ながらたどりついたのは、小さなアパート。2階にある部屋のドアをノックした。

「夜分にすみません。児童相談所です」

虐待の初期対応チームのワーカー（児童福祉司）で、50代の高田勝が声をかけると、父親がドアを少しだけ開け、中から顔をのぞかせた。

「泣き声が聞こえて心配という通報があったので来ました」

そう言って、高田ら2人が児童相談所の職員であることを示す身分証明書を見せた。玄関のドアを開けながら、父親はすぐさま言葉を返した。

「虐待とかないですよ。子どもは2歳だから、泣くんですよね。部屋の壁も薄いし……」

泣き声などの虐待通告があった場合は、子どもに直接会って安全を確認するのが鉄則になっている。高田らも、子どもに直接会って確認しなければならない。なるべくにこやかに話を続けた。

「心配という声があったので確認に来ました。お子さんはいらっしゃいますか？」

すると、父親は、

「いま嫁がふろに入れている。あんまり言われると気分が悪くなる」

とつっけんどんに答えた。

「育児で困っていることはないですか？」

と聞いても、

「ないですよ。夜はよく泣くけどね。子どもをしかるのは当たり前でしょ」

父親の答えはにべもない。

季節は冬、冷たい風が高田らに容赦なく吹きつける。

しばらくやりとりをしていると、奥から子どもの元気そうな声が聞こえてきた。

「だれ～？」

そのうちに、ふろから出てきた子どもが身体から湯気を立て、真っ裸で玄関口を横切った。高田が立っている位置からは全く子どもを見ることはできなかったが、同行したもう1人の職員にはちらりと見えた。だが、子どもはそのまま奥に引っ込んで、再び出てくることはなかった。

実はこのケース。児童相談所に虐待通告があったのは10日以上前のことだ。

「母親が怒鳴り散らしていて、子どもがよく泣いている」

近所に住む人が電話をしてきた。児童相談所はすぐに、この親子が住む自治体に問い合わせ、住所から家族構成を把握、子どもが保育園に預けられていないことを確認した。

翌日、ワーカーがほかの家庭訪問などの合間を見て、昼間に3回、アパートを訪ねたが、不在で、だれにも会えなかった。ワーカーはその次の日も訪ねたが、部屋の中で人の気配はするものの、ドアをノックしてもだれも出てこなかった。大家やアパートの隣や下の部屋の住民に話を聞き、連絡をとりたいという内容の手紙を書いて、郵便ポストに置いてきた。だが、連絡は来なかった。児童相談所ではほかの緊急対応などの業務に追われ、その後は訪問できずにいた。

ワーカーが地域の保健師に連絡をとると、子どもが予防接種を受けていることは確認できた。ただ、以前、保健師が自宅を訪問すると、母親は不機嫌そうに「来ないで」と拒否的な態度を見せたという。

保健師が訪問できていない以上、子どもの安全を確認しておく必要がある。そう判断した初期対応チームを率いる課長の上原民子が、この日の夜の訪問を指示したのだった。

玄関口で高田らが父親と20分以上やりとりを続けていると、母親がふろ場のドアを開けた。湯気が玄関口の方に流れてくる。母親は父親の背中越しに見える高田らをにらみつけ、怒鳴った。

「大きなお世話。来てもらわんでいいです。証拠もないのに……。迷惑！　非常識な時間ですよ」

その声に押されるように父親がドアを閉めた。

高田らは帰るしかなかった。一応、子どもの元気な声と姿を確認したとはいえ、ほんの一瞬。高田に同行した職員が見ただけだ。これで百％安全とは言いきれない。高田は拒否的な母親の態度も気になった。どうにか男の子の様子を確認することはできないだろうかと考えながら、帰路についた。

その後、高田は母子がかかっている病院を突き止めることができた。担当の医師に連絡した。

「愛情はある。気になることはない」

それが、医師の見立てだった。高田は「泣き声通告」があったことなどを伝え、次の診察のときに母子の様子をきちんと見てもらうように頼んだ。

この児童相談所では、1日に1件から2件の虐待通告が寄せられる。家庭訪問を繰り返しても子どもの安全を確認できないことがある。やっと親に会えたと思っても、拒否的な態度を示す人もいれば、子どもと会わせようとしない親もいる。児童相談所や保健師が訪ねても、子どもの安全を確認できずに、その後に子どもが死亡したというケースは珍しくない。だから、通告から48時間以内の安全確認が求められているのだ。しかし、現実はそう簡単ではない。

4時間にわたる押し問答

「子どもをいますぐ戻せ‼　コラッ！」

「いきなり連れて行くのは納得ができない！」

時計の針は午後4時を回っていた。児童相談所の面接室から、怒声がドア越しに漏れ、廊下に響いてくる。

児童相談所はこの日、保育園に通う子どもを職権で一時保護した。子どもには体のあちこちにたびたび不自然なあざができていた。

「パパがやった。ママもする」

子どもが保育園でそう言ったことなどから、児童相談所は一時保護に踏み切った。子どもを一時保護した直後、母親と親族らが児童相談所に押しかけてきた。担当ワーカーの山田愛ら2人が、やってきた3人に向き合った。万が一のときのために、男性職員も同席した。

「子どもはどうしてるんや！」

「悪いことは悪いと、子どもに教えることも大切やろ」

「それなら、おまえらあざのある子は全員保護するんか！」

「子どもを連れてこない限り帰らん。刑務所に行ってもいいんぞお」

山田らは延々、怒鳴り続けられた。20代の山田は初期対応チームに入って1年目。母親や親族の言葉を黙って聞き、声が途切れたところで、落ち着いた声で保護した理由を伝える。すると再び、親族らが怒りの声をあげる、という繰り返しだった。

納得しない親族らを前に、山田は困り果て、途中で退室して上司のもとへ向かった。どんなやりとりをしているかを報告して指示を仰いだ。何度かそれを繰り返した。表面的にはいつもと変わらない様子だったが、心は折れそうになっていた。上司のもとに中座することで、なんとか自分を保った。

面接室に戻った山田は再び母親と親族らに向き合った。

「お気持ちはわかります。お子さんの身の安全のために調査をさせていただきます」

「安心安全の生活を確認するために協力してください」

山田はそう言い続けるしかなかった。それでも親族らは納得しない。山田は上司から受けたアドバイスを思い出して、説明を続けた。

「一時保護したことに、もし納得ができなければ、不服の申し立てをしてください」

児童相談所が決定した一時保護については、行政不服審査法に基づいて親が不服の申し立てをすることができる。そのことを伝えた。

母親と親族らからの抗議は4時間にわたった。

「来週必ず子どもを帰せよ。また来るからな」

午後8時すぎ、そう言い残して、母親と親族らは児童相談所を去っていった。

山田らが母親らの対応をしている間に、児童相談所には保育園や地元の自治体から次々と電話が入っていた。

「子どもの父親らが抗議に来ている。どうしたらいいのでしょうか」

それぞれの相談に課長やほかの職員が応じた。

午後7時前には、児童相談所に来なかった父親からも直接、電話がかかってきた。

「子どもが連れて行かれたと聞いた。納得できない」

電話をとった職員は、面接に来るよう促しつつ、話を聞いた。


児童相談所は子どもを守るために、子どもを職権で一時保護する。子どもの安全を守るのは、児童相談所に課せられた使命の一つだ。だが、ほとんどのケースで、親から猛烈な抗議や抵抗がある。しかし、どんな言葉を浴びせかけられようとも、ワーカーたちは親との関係を切らないようにと心を砕き、対応しようと努力する。

一時保護した子どもを家庭に戻すには、親に変わってもらわなくてはならない。そのためには、児童相談所のアドバイスや意見を親が聞いてくれる関係が必要だからだ。

子どもを奪われた親が児童相談所を敵のように感じるのはふつうのことで、その親との関係を築かなくてはならない児童相談所のワーカーたちの苦労は並大抵ではない。

午後8時15分、母親らとの面接を終えた山田が自席に戻ってきた。

「耳が痛い」

そのまま夕食もとらずに、パソコンに向かって、この日の一時保護についての報告書を書き始めた。

山田はこの日はいつものように午前8時半に出勤、午前中から職権保護のための会議や打ち合わせをした後に、子どもが住む自治体にも足を運んだ。無事に保護が完了して、児童相談所に戻ったところで、母親と親族らの対応に入った。一日中、バタバタと動き回っていた。

午後11時15分、A4判で5枚の報告書を書き上げた山田は、

「疲れました」

と言って児童相談所を後にした。

入所を拒む親たち

ワーカーの阿部圭子は、資料を抱えて弁護士事務所に駆け込んだ。

児童相談所が一時保護した子どもを児童養護施設に入所させたいが、親が承諾しないケースについて相談するためだ。

親が入所に同意しなくても、児童福祉法28条に基づいて家庭裁判所に申し立てて認めら

れれば、児童相談所は子どもを児童養護施設に入れることができる。申し立ての手続きを進めるための打ち合わせだ。阿部は弁護士に事情を説明した。

「子どもは帰りたくないと言っています。ですが、親は施設入所に応じません。数日前には一時保護所に来て、子どもに会いたいと強硬に主張して、しばらく帰らなかったんです。明日は親と面談があるので、そこで親の意向を確かめて、それから28条申し立てにするかどうかを決めたいと思います」

弁護士も資料を見ながら話を聞き、いくつか阿部に質問。申し立てに必要な資料などについて意見を言った。

翌日の午後、約束の時間に、母親と父親が児童相談所にやってきた。阿部との面談のためだ。

一家は生活保護を受けている。母親は精神的に不安定な状態になることが少なくない。酒を大量に飲み、あるとき子どもに包丁の刃を向けるなどしたため、一時保護になった。

面接室に入ってきた母親は終始、怒ったような表情を見せた。阿部がこう切り出した。

「いまのお母さんの状態を考えると、児童相談所としては、お子さんは施設に入ることが必要と考えています」

うつむきがちな母親は何も言わずに黙ったままだ。すると、父親が間に入るように、いろいろ質問してきた。

どこの施設になるのか。施設入所に同意すれば子どもには会えるのか。転校はするのか。お金はかかるのか……。

阿部は一つひとつの質問に丁寧に答えていった。さらに、母親の行動の何が問題なのかについても伝えた。それが改善されないと、子どもを自宅に帰せないことも説明した。

阿部の説明を聞き終えた父親がおもむろに口を開いた。

「一日も早く子どもに会いたいから施設に入れることに同意する」

阿部にそう言ってすぐに、母親の顔をのぞき込むようにして、

「それでいいやろ?」と聞いた。

母親はうつむいて黙ったままだった。だが、それまでの拒否し続けていた様子とは異なり、このときは反対の意思表示はしなかった。そこですかさず、阿部が母親に向かって語りかけた。

「お母さん、決断してくれたんですね」

続けて、その後のことも説明した。

「施設に入った後は、面会も計画します。最初は職員が立ち会って様子を見ますが。もともとのお母さんの問題が改善されているかを見ながら、外出などもして、お子さんが家に帰ることも考えていきますからね」

母親は相変わらず黙ったままだったが、父親が、

「ふだんは大丈夫だけど、酔ったときが問題なんですよね。この人も反省していると思うから」と言った。

「施設が決まったら、また連絡しますね。協力してやっていきましょう」

阿部の言葉に、母親はやっと小さくうなずいた。

親の同意が得られたので、家庭裁判所に申し立てずに子どもを施設に入所させることができるようになった。父母を見送った阿部が言う。

「もしかすると、28条で子どもが施設に入った方がよかったかもしれないですね。何が問題なのかを理解しないままに同意されると、親への支援や介入が入りにくくなりがちなんです」

施設入所の同意を得たら得たで、また次の課題が浮かび上がってくる。

ここ数日、阿部が懸命に準備していた弁護士との打ち合わせ資料は、結局、必要なくな

ってしまった。
「あ〜、それはショックです」
冗談を言うように阿部は言った。

【キーワード】 親権と子どもの保護

一時保護した子どもを児童養護施設や乳児院などに入所させるには、親権をもつ保護者の同意が必要だ。しかし、同意しない保護者も少なくなく、その場合、児童相談所は児童福祉法28条に基づいて家庭裁判所に申し立て、認められれば施設に入所させることができる。

福祉行政報告によると、2016年度は全国の児童相談所から317件の申し立てがあり、237件が承認された。10年前に比べて約1・5倍に増えた。また、児童相談所が請求した親権喪失は11件、2012年4月に施行された改正民法で新しくできた親権停止の請求は48件あった。2016年度に承認されたのは、親権喪失が5件、親権停止が40件。10年前の2006年度は親権喪失の請求は3件、うち承認は2件だった。

かつては親権を重く見て、踏み込んだ対応をためらう児童相談所も多かったが、最近は子どもの安全を守るために、施設入所に同意しない親たちに対して28条に基づく申し立てなど積極的に法的措置をとる児童相談所が増えている。2012年に「親権を最長で2年間停止できる」とした親権停止制度を新設した改正民法が施行されたことも背景にある。それまでも、期限に定めがない親権喪失の制度はあったが、児童相談所は親子関係の断絶につながりかねないとして申し立てをためらう傾向にあった。

米国では裁判所が深く関与する。まず、行政が一時保護をした場合、その保護が妥当かどうかを裁判所が判断する。そこで、子どもの一時保護が妥当だと判断された場合は、裁判所が親に対して生活態度や子どもへの対応を改めるように求め、行政はその裁判所決定に従う形で、親を指導する。具体的には、更生プログラムを紹介し、定期的に親と子どもを会わせながら親の変化を観察する。

裁判所は少なくとも6カ月に一度審理を開き、行政からの情報、親の言い分、子どもの意見などを聞いて、親の態度や家庭環境に変化や改善があるかなどを確認。保護されてから1年から1年半の間に親元に戻すか、親権を停止して養子縁組するかなど、子どもにとって最良とみられる道を決める。早い段階で親子で暮らすか、養子縁組をして新しい家族のもとで暮らすかの結論を出すのは、子どもにとってはできるだけ早くパーマネンシー（永続的解決）の計画を立て、実行に移すことが大切だと考えられているからだ。

親から見れば、1年ほどはチャンスを与えられるが、成果を出さなければ親権を停止されてしまう仕組みでもある。親が変わらなければ、虐待は繰り返される。米国の裁判所関与のあり方は、行政の措置が妥当かどうかを判断するという意味では、親の権利を守るものでもあり、また同時に、親の行動改善を促す仕組みも内包している。

断れない、引き取り希望

児童相談所内で数人が集まって協議していた。

「母親は幻聴があるということです」

「幻聴の中身を聞いたのか？」

児童養護施設に入所している3歳の男の子を家庭復帰させるかどうか、が議題だった。

児童相談所や自治体、警察などの関係機関が集まり、虐待事案への対応を話し合う要保護児童対策地域協議会（要対協）のケース検討会議が近くあるため、児童相談所としての方針を確認するための話し合いだった。

家庭支援を担当するワーカーの鈴木昌子が状況を説明した。

両親は覚醒剤使用の罪で逮捕されて服役したが、半年ほど前にそれぞれ出所してきた。父親はすでに就職している。母親が幻聴などを訴えているため、病院で診てもらうように鈴木が勧めたところ、

「病院に行って治療するので、子どもを返してほしい」

と言ってきたという。

スーパーバイザー役のベテランの岡田明が、鈴木に対して矢継ぎ早に尋ねた。

「父親の仕事は何?」

「給料はいくら?」

「家賃はいくら?」

「その家計で母親はちゃんと受診するかな?」

一つひとつの質問に鈴木が答えていく。

「幻聴があるというだけでは、親権者からの引き取り希望を拒否する理由にはならないと思います」

と鈴木は自分の意見を言った。

「ただ、地域の人たちは夫婦に子育てができるのかと心配しています。今度のケース検討会議では保健師だけでなく、精神保健福祉士にも入ってもらって、母親が相談できるような地域の態勢にしておきたい」と続けた。

それを聞いた岡田がさらに質問した。

「保護観察所から母親の受診歴などを聞けないのか？」

鈴木は、保護観察所に保護司との面接状況なども含めて問い合わせたが、保護司の名前さえ教えてもらえなかったことを報告した。

「すでに検察とは（児童相談所との）情報交換が始まっている。保護観察所とも情報共有ができるといいのだが……」

と岡田が漏らした。

母親がどういう状態なのか、生活環境なども含め、さまざまな角度からの情報を得ることは、支援態勢をどうするか、あるいは子どもを家庭に帰せるのかを判断する材料になる。

「母親が妊娠中から覚醒剤を使用していたことで、子どもに影響が出ているかもしれない。それを調べる心理検査や発達検査などもしておくように」

と岡田は鈴木に指示をした。

協議の後、岡田は自分の考えを話した。

「地域の人たちは、覚醒剤使用で逮捕されたようなこういう夫婦に子育てができるのかと不安視している。でも、児童相談所としては過去の犯罪歴だけを見て、子育てできないという判断をしてはいけないと思う」

親子のことを考えるならば、両親の様子を見ながら親子関係の安定化を図る方向に進める必要がある。両親に子どもを戻すことになったとしても、それで終わりとはならない。覚醒剤の使用を止めた後に幻覚や妄想などの症状が再現するような母親のフラッシュバック、家庭の経済力、愛着の問題などについても関係機関と協議し、要対協の仕組みを使って、子どもを見守り、親による養育を支援していくことが不可欠だ。

子どもが安全に暮らすために、地域が親を支える仕組みを必要とするケースはほかにもある。

初期対応チームのワーカーである阿部圭子は、児童相談所から1時間、車を運転してある家に足を運んだ。父母のけんかが絶えず、母親が大量に酒を飲んで暴れ、小学生の姉妹を一時保護した家庭だ。３週間ほどで姉妹を家庭に戻したが、その後、この家庭を半年にわたってフォローしている。

家庭に子どもを戻した後も、児童相談所が訪問を続け、直接様子を見続けているケースだ。

阿部が到着してすぐの午前9時半。母親が台所に立ち、コーヒーを入れた。湯気の立つマグカップを居間に運び、阿部と同行したもうひとりのワーカーに差し出した。

「お母さん、ありがとうございます」

と言いながら、阿部はひと口、コーヒーをすすってから、最近の状況を母親に尋ねた。

母親はときに涙ぐみながら話をし、「もうあんなことはしないから、大丈夫」と繰り返した。夫婦の関係や子どもの生活のことなどを細かく聞いていくと、夫婦仲が微妙にギクシャクしていることを母親が吐露した。

ただ耳を傾ける阿部らに、母親は思わず、「話を聞いてくれてありがとう」という言葉を口にした。母親の寂しさが、表情ににじみ出ている。

阿部は母親を励ました後、近くにある別の家庭を訪問してから、昼休みの時間に合わせて、この地域の小学校を訪れた。事前に連絡を入れておいた校長に面会、一時保護から家に戻った後の姉妹の学校での様子について聞き、その後、教室から姉妹を連れて来てもらった。

姉妹と阿部だけになったところで、阿部は姉妹に最近の家の様子について尋ねた。

「いつも何時ごろ起きている?」

「おうちに戻ってからのお母さんとお父さんはどんな感じかな?」

「お母さんはお酒を飲んでいるかな? どれぐらい?」

「困っていることは何かある?」

姉妹は笑顔で阿部の質問に答えた。

「うるさいことがある。きのうもお母さんとお父さんがけんかしていたのが聞こえた。ビンが割れるような音がしていた」

まだ母親と父親はけんかをしているが、なるべく子どものいないところでやっているようだ。姉妹には危害は及んでいないことはわかった。

阿部はさらにその足で、今度は地元自治体の役場に行き、要対協の事務局の担当者と情報を交換した。この日に母親や姉妹から聞いてきたことなどを話し、このケースはこれまで児童相談所が直接フォローしてきたが、この状態で落ち着いていくようならば、地域で見守りをしてもらう方向になることを伝えた。

阿部は、地元の担当者との話から、母親なりに一生懸命やっているものの、母親を見る地域の目が厳しいのではないかと感じた。都会と違って、母親が住む地域は人間関係が密な田舎だ。大量に飲酒し、夫婦げんかを繰り返していたことは、すでに近所の人たちに知れ渡っている。

「お母さんが気軽に相談できる人が地域にいないですかねえ。相談できるような態勢を整えられないでしょうか」

母親の孤立を心配する阿部は、要対協の担当者に支援態勢の必要性を訴えた。


【キーワード】要保護児童対策地域協議会（要対協）

虐待を受けるなどして保護が必要な子どもや、養育支援が必要な子どものほか、保護者、出産前に支援することが必要と認められる特定妊婦を支援するため、児童福祉法に基づいて各市町村が設置している協議会。子どもを地域ぐるみで守るためのネットワークだ。

要対協には、児童相談所、保育園、幼稚園、学校、教育委員会、保健所、民生委員、

児童委員、病院、警察、社会福祉協議会、児童養護施設など関係する機関が参加。情報を共有し、役割分担しながら連携した援助を行う。通常、代表者会議（開催は年に1〜2回）、実務者会議（年に3〜4回）、個別ケース検討会議（必要に応じて随時）の3層で構成されている。

要対協については、2004年の児童福祉法改正で法定化され、2007年の同法改正で設置が市町村の努力義務になった。厚生労働省の調査によると、2005年度の設置数は1111カ所（設置率4・6%）、2008年度は1532カ所（84・6%）、2016年度は1727カ所（99・2%）と年々増加。2016年4月1日現在で、管内市町村における設置率が100%の都道府県は、39道府県あった。

要対協に登録されているケースは、全国で約22万件（2016年4月1日現在）あり、要保護児童が約62%、要支援児童は約36%、特定妊婦は約2%を占めた。要保護児童のうち、虐待が占める割合は約45%だ。

要対協は、虐待の早期発見や、各機関が連携して適切に対応することをめざして設置されているが、その「力量」は市町村によって差があり、子どもや親への支援状況の進行管理や連携のあり方などに課題があるところも少なくない。そのため、事務局役を果たす市町村の調整機関に専門職を配置し、その専門職が研修を受けることが2017年4月から義務化された。

調整機関に配置されている職員は全国で約8千人。うち、専任は約36％にとどまる。また、全職員のうち、一定の専門資格がある職員は約5千人で、保健師・助産師・看護師が約1200人、児童福祉司と同様の資格のある人が約1700人、教員免許をもつ人が約800人となっている。

調整機関の果たす役割は極めて重要だが、「専門資格のある職員が十分に配置できていない」「職員数が不足している」「会議運営のノウハウが十分ではない」などとしているところが、それぞれ約6割を占めており、子どもを守るためにはさらなる力量アップが求められている。

2週間に一度の面会の日

「あんたらの不注意やろ‼」

女性が叫んだ。

「こんなんだったら連れて帰りますよ」

女性は、母親の虐待が疑われて一時保護した幼児の祖母だ。久しぶりに会う孫の額に傷があるのを見つけて声を荒らげたのだ。20代の母親は隣で黙っていた。

「そうですね。すみません」

担当ワーカーの阿部圭子は頭を下げるしかなかった。傷は子どもが一時保護先の施設で転んでできたもので、数日前に母親には、そのことを電話で伝えてあった。

この日は、一時保護したこの母子の関係を切らないようにと、児童相談所が続けている2週間に一度の面会の日だった。母親や祖母らの都合で、毎回日曜に設定されている。閉庁日の日曜だというのに、阿部は午前9時に出勤してきた。係長と2人で一時保護先に幼児を迎えに行き、母親らの来訪を待った。

この家族と児童相談所は、なかなか難しい関係にある。

子どもの一時保護後も母親の生活態度が改善されたとはいえず、児童相談所は子どもを施設に入れる方針を立てた。だが、母親は同意せず、阿部らが説得を続けている最中だ。母親は我が子を職権で一時保護されたことを快く思っていない。そのため、阿部と母親は、なにかと対立しがちだ。

数日前に額の傷のことを母親に伝えたときも、阿部は母親に電話口で、

「きちんと病院に診てもらったんですか？　頭打ってるんでしょ」

と詰め寄られた。

児童相談所と親がどんな関係にあっても、母子の愛着を切らないための面会の大切さは変わらない。そのため、母子の面会の機会を定期的に作っているのだ。もし、子どもが施設に入ることになったとしても、いずれは家庭復帰についても考えていくことになる。

本来子どもは家庭で育てられるのが一番とされており、面会は将来のための布石になる。同時に、児童相談所にとっては母子関係や母親の子どもへの接し方を観察する機会にもなる。

この日の面会は、1時間半と設定されていた。母親と祖母は、子どもと遊んだり、おやつをあげたりして過ごした。

「あんたらが（孫を）取り上げたんだから、けがさせないように気をつけてくださいよ」

祖母はそう言って、児童相談所を後にした。

「いい気はしないですけど、気持ちはわかります。（相手が）むちゃくちゃなことを言っているわけではないですから」

と阿部は冷静だ。親に厳しく相対しながら子どもを保護し、同時に親との関係も保てるようにと心を砕く。ここが、初期対応に携わるワーカーの難しいところだ。

このケースを担当するようになって、阿部は、2週間に一度の日曜出勤がふつうになってしまった。母子の将来を考えれば、それも致し方ないことだ、と阿部は納得している。

後日、阿部は母子面会のない週は、子どもの成長を感じてもらうために、母親に写真を送ることを決めた。この時期の子どもの成長は著しいからだ。ちょっと会わないうちに、できなかったことができるようになる。阿部は、一時保護先の施設に頼んで写真を撮ってもらうようにした。その中から選んだ写真数枚を封筒に入れた。同封したかわいらしい色の便箋にはこう書いた。

「○○ちゃんは、ごはんもよく食べられて、夜間もよく眠れています。来週もまたお待ちしています」

一流大学進学を迫る教育虐待

「しっかり勉強しろ!!」

保護者からそう言われ、参考書で頭をバンバンたたかれた高校生が、学校で先生に助けを求めた。連絡を受けた児童相談所のワーカーが、高校に赴き、本人に話を聞くと、保護者が一流大学に行くように執拗に迫ってくるという。児童相談所は心理的、身体的虐待にあたると判断、すぐに一時保護した。

担当ワーカーは加藤優子、虐待初期対応チームに入って3年目だ。夜に何度も自宅を訪問しては、子どもの気持ちを伝えて養育態度を改めてもらえないかと話をしようとしたが、保護者は聞く耳を全くもたない。玄関先で「あなたに何がわかるのか」などと言うだけだ。

子どもは大学に進学するつもりはある。だが、保護者が望む一流大学に行く実力はないし、本人も希望していない。その気持ちを保護者が理解しようとしないのだ。一流大学と呼ばれる大学に入ることだけが、保護者にとっては目標になっている。

「それがこの子のためですから」

保護者は一流大学に入ることが子どもの幸せだと信じて、その方向を強いる。これは教育虐待にあたる。

一方、保護された高校生は、加藤にはっきりと自分の意思を伝えている。

「家には戻りたくない」

子どものその思いに応えるため、加藤は児童養護施設への入所を進めたいと考えた。自宅を訪ねるたびに、保護者に高校生が施設で生活したいという希望をもっていることを伝えるが、保護者は頑として同意しなかった。

高校生が一時保護所で生活している限り、学校には通えない。大学進学を考えると、そろそろ大事な時期になる。できるなら、これまで通っていた学校に通えるようにしたいと、加藤は少し前に児童養護施設に一時保護委託の手続きをし、高校生の通学環境を整えた。

いま高校生は、施設から学校に通う。友だち関係もこれまで通りだ。

だが、もうすぐ、一時保護してから約3カ月になる。加藤は、高校生が施設で生活をしていくには、親の意に反しての施設入所を家庭裁判所に承認してもらうしかない、と考え始めた。承認してもらうにも、時間がかかる。

家庭訪問した際に、加藤は保護者に対して、あくまでも子どもの施設入所を了承しない場合は、児童福祉法28条に基づいた家庭裁判所への申し立てをすることを考えていると伝えた。

すると、保護者はこう言い出した。

「もう退学だ。授業料の支払いを止める」

子どもが通っているのは私立高校のため、授業料の支払いを止められると、転校を考えなくてはならなくなる。高校生のことを考えると、避けたい選択だ。

加藤が言う。

「子どもは保護者と縁を切りたいとさえ思っている。親権停止や親権喪失の手続きも考えられるが、でもその場合は、学費が出なくなってしまう可能性がある。そうなると、私立高校をやめて公立高校に転校しなくてはならなくなるかもしれない。だから、児童相談所としては簡単には保護者との関係を切れないんです」

家庭訪問から戻った加藤は上司に状況を報告した。話を聞いた上司からは次のような指示が出た。

「保護者が不当な態度をとったとき、親権についてどういう対応ができるか弁護士と協議を始めておいてください」

親権や授業料の問題は高校生の今後を大きく左右する。加藤は高校生にとって最善の道を選べるよう最大限の努力をするつもりだ。

保護者が子どもの施設入所に同意しないことは少なくない。児童相談所はギリギリまで説得を試みるが、功を奏さないときは、最終的には家庭裁判所に申し立て、親の意に反しての入所を認めてもらう道を選ぶ。

加藤が勤める児童相談所でも4件が進行中だ。弁護士との打ち合わせ、審判資料の用意など手間と費用がかかるが、子どもを守るためには必要と、児童相談所は最近、積極的に家庭裁判所に判断を仰ごうと動いている。

引き出しに予備のくつ下

じゅうたんの上には、蒸れた臭いを放つ洗濯物が山積みになっていた。その横には猫のふんのついた毛布が転がり、ゴキブリが4匹、畳の上をはい回っている。

「お母さん、その後どうしていますか?」

午前11時、初期対応チームのワーカーになって4年目の阿部圭子は何事もないかのように、にこやかに声をかけながら、母親が洗濯物をたたんでいた部屋に入っていった。父親は仕事に出ていて不在だ。

部屋の中を見渡すと、ほこりだらけのテーブルの上には、ペットボトル入りのしょうゆやコーヒーの缶が乱雑に置かれ、ベッドの下には、ほこりまみれのスリッパ、茶漬けのもと、ピーナツ、ライターなどが転がっている。座るのもはばかられるほど汚れた畳の上に、阿部はひざをついて腰を下ろした。

この家庭はネグレクト（育児放棄）が著しく、子どもの安全が確保されていないとして、児童相談所が少し前に子どもを職権で一時保護した。保護したとき、子どもの頭はシラミだらけだった。

両親は子どもに愛情がないわけではないのだが、知的障害などがある。一時保護の後、両親はそうした厳しい状況の中で努力し、生活環境に一定の改善が見られたことから、児童相談所は2週間ほど前に子どもを家庭に戻した。その際、

①子どもの安全を守る
②衛生面や栄養など適切な養育をする
③児童相談所も含めた援助機関などとのかかわりを持つ

ことなどの約束を両親と交わした。阿部の訪問は、その約束が守られているか、また、両親がちゃんと子どもの面倒をみているか、家や子どもの衛生状態がどうなっているかなどを確認するためのものだ。

家庭訪問をする前、阿部は子どもが通う保育園に電話を入れた。

「朝は何時ごろ、保護者が子どもを連れてきますか?」

「ふろや服の状況はどうですか?」

「衛生面は？」

一時保護される前と比べて、毎日同じ服を着てくることはなくなり、最近は臭いもそれほどしないと、保育園は答えた。その情報をもって、阿部は家庭訪問した。

家に入った阿部は、ひざをついて座った姿勢で1時間。母親と話しながら、子どもの状況を確認するとともに、家の中を観察した。

「子どもがふろに入りたがらないんです。『イヤー』と強く言うようになった。おふろに夜入らないときは、朝シャワーをかけて、保育園に連れて行っている」

そういう母親に、阿部は「頑張っていますね」と笑顔で声をかけた。母親なりの努力の跡が随所に見えた。

「お母さん。じゃあ、また来ますからね」。そう言って、阿部は家を後にした。

家の外に出てから阿部は言った。

「今日はすごくきれいな方でした。この両親の能力ではこれ以上は求められないでしょう」

子どもを一時保護した直後にこの家を訪ねたときは、畳のあちこちにネコのふんがこびりつき、異臭を放っていた。トイレは壊れ、手おけに人の大便が山盛りになっていた。ゴキブリやハエ、小さな虫が数えられないほど、部屋の中でうごめいていた。阿部はネコのふんやゴキブリを自分の足で踏んで部屋に入り、家の間取りや生活環境を点検しなければならなかった。

「あのときは、おいとましてすぐ、くつ下を脱いでゴミ箱に捨てました。今日は全然ましです」

子どもを家に戻した後の初めての家庭訪問になったこの日、阿部は帰り際、くつを履くときに、くつ下を脱いでカバンの中にしまった。洗濯してまた使うという意思の表れだ。ゴミが散らかる家庭を訪問するときは、阿部はいつもくつ下を2枚重ねて履く。それは家を辞すときに、外側のくつ下を1枚脱いで、そのままくつを履いて出てくるためだ。親に気づかれないように、彼らの気分を害さないように、何もなかったようにそっとくつ下を脱ぐ。自分のくつをダメにしないための自衛策でもある。

児童相談所が訪問する家庭では、家の中が散らかり、ゴミだらけというところは決して珍しくない。

児童相談所にある阿部の自席の机の引き出しには、いつでも家庭訪問ができるように、いつも予備のくつ下が1組、入っている。

【キーワード】ネグレクト（育児放棄）

児童虐待の一形態で、保護者が子どもにとって必要な養育を放棄すること。厚生労働省によると、▽家に閉じ込める▽食事を与えない▽ひどく不潔にする▽自動車の中に放置する▽重い病気になっても病院に連れて行かない――などがネグレクトにあたる。社会保障審議会児童部会の専門委員会の報告書によると、2003年7月から2016年3月の児童虐待死（678人）のうち、3割弱にあたる181人がネグレクトによる死亡だった。

寂しさを抱える母親たち

「いまから来い！　いまから!!」

電話口で母親が怒鳴っている。

午後3時前だ。相手は、初期対応ワーカーの阿部圭子が担当する20代の母親だ。乳幼児の子どもへの虐待が疑われたため、半年ほど前に職権で子どもを一時保護したケース。いま子どもは乳児院に入所している。

母親が同意して、子どもは乳児院で日々を暮らしているが、今後、子どもを親元に戻すことを考えると、母子関係を切らないことが大切だ。阿部は乳児院と協力し、週1回、1時間の親子面会を続けている。この日はその面会日だった。

もともと阿部の立ち会いは2週間に1回の割合で、この日は立ち会う予定はなく、乳児院の職員に親子面会の様子を観察してもらっていた。ところが、阿部が親子面会に立ち会わなかったことに母親が腹を立て、児童相談所に電話をかけてきた。母親はいらだちを言葉にして阿部にぶつけてきた。それに対して阿部は、丁寧にやさしい口調で説明する。

「お母さん、すみません。もともと今週は私は行かない週だとお伝えしていたと思うのですが……。来週はうかがいますから」

だが、母親の怒りはいっこうに収まらない。

「私を大事に思ってくれていないんじゃないか！」

母親は電話口から声が周囲に聞こえるほどの大声で話し続けた。

阿部は20分ほど耳を傾け、「来週お会いできますからね」と言って、電話を切った。

ほっとする間もなく、阿部はすぐに乳児院に電話をして、この日の面会での母子の様子を確認した。

30代の阿部は中堅ワーカーで、1人で約70件の事案を担当する。日々、家庭訪問や一時保護した子どもとの面接などケースのフォローを続ける。この日はどうしても、家庭裁判所に提出する資料を作りたかった。一時保護した子どもの施設入所に保護者が同意しないため、家庭裁判所に入所を認めてもらうための児童福祉法28条による申し立てをしなければならないからだ。弁護士や、申し立てをするケースの子どもが住む自治体の児童家庭課などに次々と電話で連絡し、情報を共有して今後の手続きについて打ち合わせをしていた。

あちこちに電話をしているその間に、乳児院から阿部に電話が入った。阿部は別件で話し中だった。その用件を終えるとすぐ、乳児院に折り返し電話をした。来週の母子面会についてだった。打ち合わせをして受話器を置くと、時計の針は午後4時50分を指していた。

阿部がパソコンに向かって、キーボードを打ち始めたとたん、また、電話が鳴った。さきほど話をしたばかりの母親からだ。まだ気持ちが収まらないらしい。

「今日はごめんなさいねぇ。行けなくて。大事な話を来週したいんですけど、いいですか？」

阿部は相づちを打ちながら、母親の抱える不安や不満を聞き、丁寧に言葉を返していく。

「お母さんは頑張っていると思いますよ。すごいですよ。だから、お子さんとの面会の時間も少しずつ増やしているんですよ」

母親は、自分の子どもが乳児院でほかの子どもに手をかまれたことについても文句を言い出した。

「子どもは他の子と遊びながら成長していきます。職員さんにももっと話を聞いていきましょうね」

結局、40分以上、阿部は懸命に母親を諭し続けた。

その間、阿部への電話がほかに何本も入ってきた。伝言メモがほかの職員から次々に渡され、阿部の机の上はメモだらけになった。母親との電話を切ってすぐ、阿部はそれらの電話に、一つずつ折り返しかけていった。

ひととおり電話をかけ終わったのは、午後6時。

「あ〜、このやりとりも全部、記録にしないといけない！」

阿部は頭を抱えた。早く事務処理したいという焦る気持ちはあっても、どうにもならない。

「今日電話をかけてきたお母さんは、正直、しんどいお母さんです。対応するのにすごく疲れます」

と阿部は本音を漏らした。だが、この母親自身、子どものころに実母から虐待を受けていた背景がある。

「大変ですけど、話を聞いてほしい、受け止めてほしい、お母さんなんですよね」

子どもを守るためには、こうした保護者たちの不安や不満を聞き、彼らの寂しさを受け止めて支援していくことも必要だ。

退庁時間が過ぎた午後6時すぎから、阿部は猛烈な勢いでパソコンのキーをたたき出した。

保護者にも変わってほしい

目の前にいる母親が泣きながら語り始めた。

「私が悪いんです。すみません。私がこんなんだから……」

児童相談所の面接室。ワーカーの阿部圭子は、10日ほど前に一時保護した小学生の母親と向き合っていた。

暴力を振るったのは、父親。公衆の面前で息子の顔面を激しく殴打することが2回続いたことが、一時保護のきっかけだ。最初のあざが発覚してから児童相談所は家庭訪問を続けていた。注意していたのに、再び顔にあざができるほど父親が激しく殴ったため、小学生を保護した。男の子は多動の傾向が極めて強く、食べ物も手づかみで食べるなどじっとしていられない。

母親と向き合った阿部は、母親自身の生育歴や子育ての様子、父親との関係を聞いた。母親自身も知的な課題を抱え、対人関係に苦労している。子どものころは不登校になったこともあるという。

「自分としては一生懸命、息子にかかわって、相手をしているんですが……。（息子が一時保護されたのは）私のせいです」

自分自身を責める母親の姿に、阿部の心は痛んだ。母親が自分への自信のなさから、父親に頼り切っている様子が伝わってきた。

後日、阿部は別の機会に、父親と祖母を家庭訪問し、それぞれに話を聞いた。

父親は、

「息子が悪さをして、人に迷惑をかけてもへらへらしていたから殴った」

などと説明した。阿部は聞き取りから、父親自身が自分の父から暴力を受け、かかわってもらえずに育った背景から、父親には「良き父親の像」がないのではないか、という見立てをした。

父親自身は殴ることはよくないことだとはわかっているが、どうしたらいいかわからないようだ。父親なりに一生懸命対応しようとしても、衝動的に動く息子が人に迷惑をかけて反省していないのを見ると、つい手が出てしまうというのだ。母親の弱さも理解していて、「自分がしっかりしなくては」との思いも強い、と感じた。

阿部は、父親に多動な息子への対応方法を身につけてもらうことはできないだろうか、と考えている。

こうした親に対しては、児童相談所が子育て支援のための、親業のトレーニングプログラムを実施することもある。実際、阿部は幼い息子を骨折させた別の父親に、月に1回、仕事帰りに児童相談所に通ってもらい、児童心理司と2人でセッション（講座）を持っている。

児童相談所は骨折が見つかったために男の子を一時保護したが、父親に反省が見られたため、まもなく息子を帰宅させた。だが、このままでは、また同じようなことが起こらないとも限らない。そうならないために、父親に息子への対応の方法を学んでもらおうというのが、狙いだ。

セッションの初回のテーマは「子どもの行動を観察することから始めましょう」だった。阿部は、子どもの行動を「好ましい」「好ましくない」「許しがたい」の三つに分けることが大切だと伝えた。それぞれに合った対処法があるからだ。

「好ましい行動」は増やしたい行動だ。

「だから、それを目にしたときには、ほめてください。それが大切です」と阿部。

「好ましい行動」には肯定的な注目をするように努力する。肯定的な注目とは、ほめる、認める、笑顔を返す、なでる、抱き寄せるなど。好ましい行動が始まったらすぐに、視線を合わせて、おだやかな表情で、簡潔な言葉を使って、明るい声で、子どもの行動をほめるのがコツだ。

ほめられた子どもは、その行動をよりいっそう頻繁にするようになり、自分が認められていると感じることができる。その結果、ほかのことでも協力的になっていく。

次は、だだをこねるなど「好ましくない行動」。これは減らしてほしい行動なので、余計な注目をしないことが肝要だ。

たとえばお菓子がほしいときにだだをこねたら、大きな声で注意したりせず、それはしてはいけない行動であることを冷静に伝え、なるべく注目を与えない。そして、だだをこねてもお菓子をあげないというのが、注目を外す方法だということを教えた。

プログラムはその上で、子どもの頭に入りやすい指示の出し方を学んでもらう構成だ。まず、子どもの注意を引き、視線を合わせる。指示は短く、具体的に、してほしい行動を伝える。落ち着いて、きっぱりと伝え、その指示に従おうとしたら子どもをほめる。

好ましくない行動については、その行動が続く限りは何の得もないし、注目もされないということを子どもに態度で伝えるために、行動そのものは無視するが、指示に従ったり、好ましい行動をとったりすれば、すぐにほめるということが重要だという。

こうした方法を父親に実際に自宅で試してもらい、翌月に、その結果を聞きながら、セッションを進めていった。

人を傷つけるような危険な「許しがたい行動」は制止しなくてはいけないが、なにより、ほめて育てると、子どもは聞く耳をもつようになると伝えた。

実践とセッションを5カ月にわたって繰り返し、最後は「親自身の感情のコントロール」についても学ぶ。どんなときに怒りが爆発するのか自分自身で分析し、そんなときは怒る前にどんな小さなサインがあるのか、落ち着くための行動はどんなことがいいのかなどを話し合っていった。いらついたら、10まで数えたり、深呼吸したり、その場を離れたりすることが有効であることを伝え、自分自身で落ち着く方法も考えてもらった。

一時保護した子どもを家庭に帰すためには、親自身にも自分の問題に気づいてもらう必要がある。そのためには、親の話をじっくり聞き、親子関係を調整することが欠かせない。

「保護者にも変わってもらわないと、子どもを家に戻すことができないですから」

と阿部は言う。

ただ、いまの日本の制度では、親に子育て支援プログラムを受けてもらう強制力はない。保護者に変わってもらうことの難しさをワーカーたちは痛感している。

第4章　地域全体で子どもを守る

お母さんの不利益にならないか

「え〜、なんでいまごろになって……」

虐待初期対応チームのワーカー（児童福祉司）高橋美枝子は、のけぞりそうになった。

顔の周辺に不自然なあざがあったために、男の子を一時保護したケース。男の子が通っていた保育園に事情を詳しく聞きたいと出向いていた。

一時保護した後に面会した父母は虐待を否定した。男の子には兄弟がいるので、兄弟同士で何かをしてついたあざかもしれない。あらゆる可能性を探るため、高橋は、父母や兄弟への聞き取りを個別に進めた。その中で、保育園からももう一度、過去にあった傷など、この男の子について詳しく聞きたいと思ったのだ。

「これまで、ほかに気づいた傷などはなかったですか」

そんな高橋の質問に、園長は躊躇する様子を見せた。高橋は児童相談所の考えを丁寧に説明した。この男の子は今回、職権で一時保護したが、今後は、家庭に戻すのか、施設に入所させるのかを判断する必要があること、また同時に、家族をどのように支援するかも考えていかなくてはいけないこと。そのためには、過去にこの男の子がどんな様子だったか、判断する材料として事実を知りたいということを伝えた。

「これを出すとお母さんに不利益にならないかと思って……」

園長はしぶしぶ、1年ほど前に撮ったという数枚の写真を取り出した。

それを見て、高橋は驚いた。

「これって……」

そこには、同じ保育園に通っている男の子の弟が写っていた。額には、不自然なやけどのような痕があった。また、男の子が頬を青く腫らした写真もあった。

いずれも虐待が疑われるものだった。

「なぜ、こんな疑いがあるのに通告してこないのだろうか。子どもに何かあってからでは遅いのに……」

同時に、大事に至る前に、この子どもを保護できたことに安堵した。

高橋は写真を児童相談所に持ち帰った。

保護者との関係悪化を気にしてすぐには通告してこない保育園は珍しくない。保育園だけでなく保育園を運営する自治体でも同じようなことがいえるケースもある。

数日前に別の保育園から子どもを一時保護したケースでは、自治体が児童相談所への連絡を躊躇していた。太ももの内側や尻など不自然な場所にあざがあったことから児童相談所が一時保護に踏み切ったが、実は半年以上も前からあざはたびたび見つかっていたことが子どもを一時保護した後にわかった。

担当のワーカーが聞き取り調査をすると、子どものあざを見つけた保育園がすぐには自治体に情報をあげず、やっと自治体に連絡するに至っても、今度は保育園から報告を受けた自治体が3カ月も、自分のところで情報を抱えていたことがわかった。

自治体も保育園も要保護児童対策地域協議会（要対協）のメンバーだが、意識は自治体によって、担当者によってバラバラなのが実情だ。

親の反発を怖がる保育園

「親にあざの写真を見せられては困ります。保育園が撮ったことがわかるのは困るのです」

親から虐待を受けた疑いがあるとして、児童相談所が職権で一時保護した保育園児をめぐって、保育園の園長が繰り返し、児童相談所に要請をしてきた。担当ワーカーは電話口で園長に懇願され続けていた。

　一時保護のきっかけは、園児にあざがあるという保育園からの通告だった。園はあざの写真も撮っていた。

　児童相談所は、一時保護の後に、保護者と面接を続けたが、保護者が虐待を認めないために、証拠の写真を見せながら、いろいろ話を進めていかなくてはならないと考えていた。その方針を保育園に伝えたところ、園長から「それだけはやめてほしい」との要請が入ったのだ。

　保育園によると、保護者はもともと強硬な態度をとる人たちで、児童相談所の一時保護に保育園が協力していたことがわかると、猛烈なクレームを受けるのではないかと心配を募らせていた。「余計なことを児童相談所に話したら、お前の家まで押しかけるぞ」と言いかねない家族なのだという。

　実際、家族はすでに地元の自治体の役場に抗議に押しかけていた。

　しぶる園長に児童相談所の担当ワーカーは、

「写真を保護者に見せなくては前に進まない。親に写真を見せたい」

と言い続けたが、園長は納得しなかった。

対応に苦慮した担当ワーカーが、スーパーバイザー役の岡田明に相談した。

「保育園は『児童相談所とはやりとりしていない』と保護者には言っているようです」

「オレが電話するか」

岡田はすぐに自席にある電話の受話器に手を伸ばして、保育園に電話した。園長を呼び出し、保育園としてとるべき対応をアドバイスした。

「一時保護の判断は児童相談所がしました。法律で保育園は児童相談所に協力することになっている、と保護者に説明していただくしかありません。それで押し切ってください」

そもそも各自治体には、虐待などで保護や支援が必要な子どもや保護者に対して支援をするために要対協が設けられている。児童相談所のほか、市町村の担当課、保育所や学校、警察、医療機関、保健所、民生委員、児童委員、社会福祉協議会、児童養護施設などが参加して情報を共有し、子どもや保護者への対応を協議する。

この「子どもを守る地域ネットワーク」の中で、保育園は重要な役割を担う。しかし、保護者との関係悪化を恐れて二の足を踏んでいるところも少なくないのが実情だ。

園長と話すこと約15分。電話を切った岡田は「しっかりしてもらわないと困る」とぼやいたものの、すぐに、

「まあ、強硬な親が来れば、びびるんやろうなあ……。ここは自治体も頼りにならないようだし……。保育園の反応もわからないではないな～」

とポツリ。そう言うと、急に自分のこの日のスケジュール表を見始めた。

「今後のこともあるから、直接説明しておくか」

岡田はすぐに電話をかけ直し、この日の午後に会いに行くと園長に伝えた。

自宅から持ってきていた弁当を手早く食べ、昼すぎに児童相談所を出た。車を飛ばすこと1時間。午後から、現地で保育園の園長らと向き合った。

岡田が待つ部屋に入ってきた園長と保育士らは、最初は、敵を見るような鋭い視線を岡田に向けた。あいさつもそこそこに、

「いま子どもはどうなっているんですか？」

「心配なんです」

「保護者との関係がマイナスになっているので早く帰してほしい」

「傷があれば一時保護されると広まると、ほかの親御さんへの影響も心配になる……」

「初めてのことでどうしていいかよくわからないんです」

園長や保育士たちが次々に懸念を口にした。なかには涙ぐむ保育士もいた。

岡田は、言葉をはさまず、園長らの言葉にじっくりと耳を傾けた。ひと通り聞いたうえで、児童相談所が虐待の有無を確認しなければ、子どもが死ぬ危険があるのだということを繰り返し、語った。要対協は設置を法律で定められているもので、保育園には協力の義務があることも丁寧に説明した。1時間ほどひざを突き合わせて話し合い、今後の協力を要請して、最後は笑顔で別れた。

各自治体には、地域で子どもを虐待から守るために、要対協の事務局が置かれている。だが、この保育園のある自治体は、児童虐待に対応する姿勢が消極的だと、岡田の目には映っていた。事務局を務める地方自治体が虐待対応に後ろ向きだと、子どもとじかに接する保育園や学校が、保護者からのクレームの矢面に立たざるを得ず、踏み込んだ対応を躊躇しがちになる。

児童福祉法が定める要対協は、児童相談所に頼りがちだった虐待対応を「地域ぐるみ」のものにし、児童相談所の負担を軽くする狙いもある。

岡田は言う。

「要対協ができ、虐待の兆候をキャッチする網が広がったという意味はある。一方で、もともとは市町村を虐待対応に組み入れて児童相談所の負担を減らそうとしたものだったが、実際のところ、現状では児童相談所の負担が逆に増えている」

現段階では、もどかしさも感じざるを得ない。地域全体で子どもを守るという意識と力量をどう高めていくのか。ネットワークはまだ発展途上だ。

地方自治体の職員研修

「遅れてすみません」

会議室に駆け込んだ途端、虐待初期対応チームの山本和子はぺこりと頭を下げた。ワーカーになって11年目の40代。児童相談所の中ではベテランだ。

この日は午前9時半から児童相談所内の会議室で、市町村で新たに虐待などの相談対応にあたるようになった新任職員の研修が開かれていた。そこには六つの自治体の担当者10人が参加していた。

1コマ目はDVDを見ながら、要対協の運営について学んだ。2コマ目の午前11時から夕方4時半までは、実際に児童相談所の最前線で初期対応にあたっている山本が講師役を務める。

「いつもお世話になっています」

山本が参加者に向かってあいさつをした。市町村は、ふだんから児童相談所が連携を強めなければならない相手だ。市町村には、きちんと情報をキャッチし、緊急かどうかを判断した上で、児童相談所につなげてもらわなければならない。市町村の果たす役割は大きく、山本は「力量を上げてもらいたい」という思いで、超多忙のスケジュールの中で講師役を務める。だが、虐待の初期対応チームの主要メンバーでもある山本が、研修時間を確保するのはそう簡単ではない。

この朝も、午前10時50分には会場に来るようにと、研修を担当する職員から言われていた。山本も当然、そのつもりだったが、一時保護した子どもの保護者との電話が終わらない。時間は気になっているものの、一方的に保護者との電話を切るわけにもいかない。

研修担当の職員が呼びに来たが、山本は受話器を耳にあてたまま、うなずくのが精いっぱい。5分ほどしてやっと受話器を置いた。

「トイレ、トイレ……」

山本はトイレに走り出し、戻った後に、水筒のお茶をひと口、ごくりと飲んで、小走りに会議室に向かった。バタバタだ。

ようやく始まった山本の講義は、虐待通告を受けたときに、保護者と子どもの状況をどうやって見極めるのか、という内容だった。保護者と子ども、それぞれについて状況を確認し、危険度を判断するためのアセスメントシートの使い方について、実際に考えられる事例を挙げながら話をした。

学校からの通告で、母子家庭で暮らす小学4年の女の子が「母親にほうきでたたかれた」と担任に訴えた、という設定。学校からの話や子どもへの面接などで得られたとする情報を山本が読み上げた。

「たたいたのは、部屋の片付けをしていなかったことへの罰」

「少し前にも母親に拳で殴られて腕にあざをつくっていたので、学校が注意した」

「家庭訪問すると、家の中は比較的きれい」

3グループに分かれて、こうした状況、家庭環境がわかった前提でアセスメントシートをチェックしながら、どう対応するべきかを話し合った。

「どんな結論になりましたか?」

山本の質問に対して、参加者の男性が手を挙げた。

「緊急対応が必要。すぐに保護するべきだ」

ほかのグループの女性は、

「お母さん自身も寂しいのかな。すぐに保護しなくてもいいが、早急に対応した方がいいと思う」

山本はそれぞれの意見を聞き、その理由を尋ねていった。

「これが正解で、これが不正解ということはありません。ある情報でどんなことが考えられるのか推測することが大切です。人の考え方、価値観には幅があります。だからこそ、ひとりでチェックするのではなく、複数の目で見ることが大事です」

同時に、情報が少ないと判断するのが難しいことも指摘した。

「どんなことがあったかを具体的に聞いていくことが大切です。事実を集めてください」

山本は虐待通告があったときに大切なことを伝えた。

午前の研修を終え、山本が自席に戻ったのは、午後0時半前。机の上には、研修中に山本あてにかかってきた電話の伝言メモがいくつも置いてあった。まず目に入ったのは、児童養護施設からの電話の内容だった。施設に入所している子どもの母親が施設に電話をしてきて、「学校に行って子どもを引き取る」と言ってきたとの連絡だった。山本はすぐに受話器を取り、学校に連絡を入れた。

「もし母親が来たら、警察を呼んでください」

万が一のときに備え、注意を促した。山本はその電話を切り、持参した弁当に箸をつけた。おかずを口に運びながら、離席中に置かれていた伝言メモを次々にチェック。急ぎでないものは、研修が終わってから対応すればいいと、机の端に置いた。机の上に山積みになった資料なども整理した。ゆっくり休む暇もなく、午後1時半からの講義に戻ろうとしたところ、卓上の電話が鳴った。

児童相談所が管轄する地域の自治体からだった。

「顔にあざがある小学生がいる」

一時保護の必要性があるかもしれない。詳しく状況を聞かなくてはならないが、山本はもう研修に戻る時間だ。自治体からの通告内容の聞き取りを別のワーカーに託すことにして、電話を代わってもらった。その足で、市町村の職員が待つ会議室に走った。

この日の講義は午後5時前まで続いた。

虐待のサインを見逃さず、対応を誤らないためには、自治体の担当者研修は欠かせない。市町村で情報をキャッチし、緊急性を判断して児童相談所につなげてもらう必要がある。力量を上げてもらうことが不可欠だ。

だが、研修が十分に行われているかというと、なかなか厳しい状況だ。山本自身が、実際の虐待の対応に追われる中で、講師を務めている。今回のような新任研修は各年度に前期と後期で2日ずつ行われる。そのほか、中堅職員向けの研修も山本が担当する。しかし、自治体の担当者は2〜3年で替わることが多く、毎年研修しなければならない。

一方で、児童相談所のワーカー自身の「力量」を高めることも、児童相談所にとっては大きな課題だ。全国に約3千人いるワーカーのうち、3割弱は一般行政職。また4割超は勤続3年未満だ。研修などで専門性を高めていく必要があるが、こちらも簡単ではない。

山本が勤務する児童相談所では、講師を招いての事例検討や研修などの機会を年間40回以上設けているものの、ワーカーたちは日々の対応に追われ、なかなか参加する余裕がない。児童相談所外で開かれる学会や研究会に足を運ぶのは、さらに難しいのが実情だ。

他県の児童相談所と連携する

他県の児童相談所から電話が入った。虐待初期対応チームを率いる課長の上原民子が受話器を取った。

「心理的虐待の認定をしていた母子3人がそちらに引っ越したようです」

上原はさらに詳しく状況を聞いた。電話口の他県の児童相談所職員によると、こんな内容だった。

対象は、父母と子ども2人の4人暮らしだった家族。夫婦げんかが激しく、母が包丁を持ち出したとして、警察から虐待通告があった。児童相談所は面前DV（家庭内暴力）による心理的虐待と認定し、父親とも面談した。それが1年近く前のことだ。ところが、最近、ケースを終了しようと、学校に連絡したところ、「転出した」と言われた。調べると、1カ月ほど前に父親以外の母子3人が引っ越していたことがわかり、転居先の自治体を管内にもつ上原の児童相談所に連絡してきたということだった。

上原は、初期対応チームのメンバーに子どもの安全確認をするように指示した。児童相談所にいた職員がすぐさま、転居先の自治体に電話を入れて、子どもたちが通う学校と保育園を割り出した。引き続き、学校と保育園に電話を入れて事の経緯を説明、子どもたちの無事を確認した。

学校や保育園の子どもたちのクラス担任の先生によると、転校後は欠席もなく、毎日登校、登園しているという。家庭状況なども聞いたところ、母親が交際している男性と同居しているという情報が出てきた。

その報告を聞いた上原が思わず声をあげた。

「男がいるの？」

とりあえず、子どもたちの無事は確認できたが、母親の交際相手という新しい家族が増えたこともあり、今後も注意して見ていかなくてはならないケースだと上原は判断した。改めて、学校や保育園に連絡し、変化や異常に注意してもらうよう、職員に指示を出した。

他県から連絡があることもあれば、こちらから連絡することもある。

母親の内縁の夫にあたる男から暴力を振るわれていた10歳の男の子のケースがそうだ。上原らがこの男の子のケースを把握したのは、県外に住む母方の祖母から警察に相談があったことがきっかけ。警察からの通告で児童相談所につながったケースだった。

上原は、初期対応チームのワーカー阿部圭子に状況を把握するよう指示した。阿部は男の子の通う小学校に出かけたが、男の子は当初、全く言葉を発しなかった。質問をしても、うなずくか首を振るだけ。かなり大変だったが、阿部が丁寧に話を聞いていくと、男の子は、母親の内縁の夫にあたる男が2年前に同居を始めて以来、週に1回は暴力を振るわれ、「殺すぞ」と言われたこともあると、話した。弟への暴力もあるとのことだった。

ところが、祖母からは「一時保護などの直接介入は待ってほしい」と強く申し入れられていた。また、その後、母親の内縁の夫が別居したこともあり、児童相談所としては一時保護はせずに継続して見守っていた。

だが、母親はよく、別居した男のもとで時間を過ごしているようで、しかもそのときは、子どもだけを家に残しているため、男の子たちは極めて不規則な生活をしていることを把握していた。

そんな状態の中で、ワーカーの阿部に祖母から電話が入った。以前は「母ちゃんといたい」と話していた男の子が、最近になって「ばあちゃんのところに行きたい」と言い出したため、転校手続きをとって祖母のもとに引っ越したという連絡だった。「転校させない」と抵抗する母親にかまわず、祖母が手続きを進めたという。

「事前には何の連絡もなかったので、『引っ越した』と聞いたときはびっくりしましたけど、でも、後で連絡をくれましたからね」と阿部。

これで、この男の子への虐待の危険は遠のいた。だが、その後、この男の子がどういう状況なのかを確認してもらわなければならない。阿部は、男の子が転出した先の自治体を管轄する児童相談所に向け、調査依頼書を作った。これまでの経緯を記し、家族関係図を添付して、祖母宅を家庭訪問して生活状況を調べてほしいというお願い文を書いた。

虐待の疑いがあったり、親による養育が困難だったりする家族が転居するケースは少なくない。その家族をめぐる情報が転居先の自治体や児童相談所にきちんと伝わらず、子どもが死亡するケースは後を絶たない。

児童相談所がかかわっている家庭でも親が転居を連絡してこないことは珍しくなく、児童相談所や保健師などが家庭訪問して初めて転居してしまったことに気づくことがある。また、虐待事案への認識などで児童相談所間に「温度差」があり、情報のやりとりがきちんとできていないこともある。子どもへの虐待を防ぐには、家族がどこに行っても情報をつなげ、支援の目がその家族に届くようにする必要がある。子どもを守るには、手間はかかっても児童相談所同士の連絡が欠かせない。

この家族のケースは、男の子が祖母のもとに引っ越し、安定して暮らすようになったとしても、「終わり」とはならない。弟と妹はそのまま母親と暮らしているからだ。阿部の心配は、母親の内縁の夫からの暴力と夜間のほったらかしだ。学校に連絡をして、母親に注意をしてもらい、それを拒否したり、あるいは問題を放置したりしたら、「児童相談所に通告する」と言ってもらおう、と考えている。

現状では、いきなり児童相談所がかかわっていくより、学校から注意を入れてもらった方が介入しやすいからだ。この家庭は、もともと生活保護世帯だ。生活保護の担当部署とも連絡を取る必要がある。

「とにかく、かき集められる情報は全部集めないと」

阿部は引き続き、弟妹の状況を確認していくことが必要だと強く感じている。

【キーワード】面前DV

子どもの目の前で、夫婦間などの家庭内暴力（DV）が行われること。直接暴力を振るわれなくても、DVを目撃する子どもは心に傷を負うため、2004年の児童虐待防止法改正で、面前DVは「心理的虐待」にあたると明記された。

その後、DVに対応する警察から児童相談所への通告が増え、全国の児童虐待相談対応件数を押し上げている。

2016年度に全国210カ所の児童相談所が対応した虐待相談は12万2578件（速報値）。そのうち、「心理的虐待」が6万3187件（51・5％）で半数以上を占めた。前年度比30％増で、45％が警察などからの通告だ。

２００６年度と２０１６年度を比べると、児童虐待の相談対応件数は３万７３２３件から12万２５７８件と約３・３倍に増えているが、なかでも「心理的虐待」は６４１４件から６万３１８７件と約９・９倍に急増。警察などからの通告も２７２６件から５万４８１３件と約20倍になり、警察などからの通告が相談対応件数全体に占める割合も、７％から45％と増えている。

年間３００回を超える会議

午前９時、ある市役所の会議室に25人が集まった。児童相談所の管轄エリアにある人口約５万人の市が事務局を務める「要保護児童対策地域協議会（要対協）」の実務者会議だ。児童相談所、教育委員会、警察、保健福祉センター、地元の市の子ども相談係など、子どもにかかわる地域の関係者たちが顔をそろえ、市内のさまざまな虐待事案が報告されて、対応方針が話し合われる。

児童相談所のワーカーが説明した。

①小学６年の女の子。母親の暴力で一時保護し、施設に入所中。母親は５歳の弟と同居。

そろそろ家庭復帰を考えている。

②4歳の女の子、養父からの性的虐待。一時保護後、養父が家を出たので、家庭引き取り。

③幼児の兄弟。母は18歳。次男をたたいているとの通告があり調査中。

④5歳の男の子。母親からの虐待。母親は精神科病院に入院中で、祖母と暮らす。言語的な遅れがある。

⑤1歳の女の子。父から母へのDV（家庭内暴力）がある。その母から「（子どもを）殺してしまいそう」とSOSがあり、一時保護中。

この要対協が扱うケースは、この時点で、約160件にのぼる。

「①は来週、本人に話を聞きに行きます。彼女と家庭の状況を児童相談所としても把握していきたい」と児童相談所のワーカーが話すと、保健師が発言した。

「2カ月ごとに家庭訪問しているが、5歳の弟の発達が心配。母親は集団が苦手で健診に出てこない。母親との関係を持ちながらやっていきたい」

市の担当者からは、

「当時の虐待を両親がどう思っているのかを確認できれば、地域の方も安心できる。引き取りまでにはそうしてほしい」

会議では①から⑤を含む児童相談所が深くかかわる9件が、まず議論された。

その後、市が虐待通告を受けるなどして情報把握に努めているケースに議論が移った。市の担当者がネグレクト（育児放棄）の疑いがある事案を報告した。

「12歳の女の子。ポットの湯で体を拭いている。家が不衛生。小学校からネグレクトと通告があった」

間髪入れずに、児童相談所から参加していたベテランの岡田明が口をはさんだ。

「これはいつから関与していますか？　改善はされていますか？」

これに対して、市の担当者は、

「改善は難しい。母親が家に入れてくれないからです。いまの家庭環境の中身が見えていない」

と返答。実態を把握して、改善する状態になるまでにはなかなか進んでいないことを明かした。それを聞いた岡田はアドバイスした。

「働きかけの効果が低く、改善の見込みが低い場合は、両親に『子どもが危険なときは児童相談所に連絡する』と言ってください。それでも改善しなければ、児童相談所にケースを送ってもらい、我々が一時保護するという手段をとらざるをえないのではないでしょうか」

市町村には子どもを保護する権限はない。家庭や保護者に寄り添いながら支援するのが市町村の役割だが、それだけでは実情さえなかなか把握できないこともある。虐待が疑われたり、支援が必要とされたりする家庭にどうアプローチし、子どもを守りながらどうやって家族を支援していくか、要対協の参加者たちは知恵を絞り合う。

その後は、乳幼児健診の未受診や母親が若年出産などのリスクが高い「特定妊婦」、不登校、転出したケースなども報告された。

この日、議論されたのは、新規のケース、家庭復帰などを目指しているケース、大きな動きがあったケースなどが対象で、各機関が意見を述べた。昼までの3時間の会議で議論されたのは約60件だった。

事務局を務める市の担当者は、

「数年前は何かあっても学校などから連絡もこないことがあったが、いまは連絡がすぐに来る。地域の意識は高くなった」と話す。

「ただ、ケースを児童相談所に上げても、必ずしもすぐに動いてもらえるとは限らない」とも。同時に「あれだけ児童相談所が忙しいと無理もないのだが……」と付け足した。

要対協は、子どもを守るための地域のネットワークだ。この日のような実務者会議は各自治体で年に3～4回、そのほか、個別のケース検討会議が随時開かれている。この市では、ケース検討会議は年に40回ほど。所長や次長ら各機関の長が出席する代表者会議は年に1回ある。

岡田は言う。

「各自治体に要対協はできたが、事務局を担当する自治体職員の熱意や力量によるところが大きく、レベルはバラバラ。医療、福祉、教育の自治体内の連携がとれていないところも少なくない」

事務局担当職員の専任化や専門性の向上が、今後の課題だ。

児童相談所からすれば、管轄するエリア内の市町村のすべての要対協にかかわらなければならない。担当のワーカーたちが手分けをして足を運ぶが、中には児童相談所から片道2時間かかる自治体もあり、会議に出るだけで一日が終わってしまうということも珍しくない。

この児童相談所が参加する要対協の会議は年間３００回を超える。

【キーワード】市町村と虐待対応

以前は子どもに関するあらゆる相談は児童相談所が対応することになっていたが、児童福祉法の改正に伴い、２００５年４月から市町村も児童家庭相談への対応を担うことになった。２００８年４月からは、虐待が疑われるケースで子どもの安全確認を行うことも義務化された。

住民や学校などから虐待通告があった場合、市町村は調査をして緊急度を見極め、安全確認をする。緊急度が高い場合は、都道府県や政令指定都市、一部の中核市に設置されている児童相談所に連絡し、連携して対応する。子どもの一時保護の実施や、児童養護施設などへの入所に親が同意しない場合の家庭裁判所への申し立てなどの権限は市町村にはなく、引き続き児童相談所が担っている。

虐待通告があっても緊急度がそれほど高くない場合、市町村の担当ケースとして要保護児童対策地域協議会で把握し、関係機関と協力して支援する。児童相談所が一時保護したり、施設に入所させたりしたケースでも、危険度や緊急度が低減すれば、児童相談所から市町村にケースを移管し、市町村が責任をもって相談や支援、福祉サービスを提供する。

全国の市町村への虐待相談件数をみると、2005年度は約4万件だったが、2016年度は10万件を超え、約2・5倍に増えている。市町村の果たす役割はますます大きくなっており、職員の専門性の向上などが課題になっている。

第5章　児童相談所の素顔

慢性的な人手不足に苦しむ

「担当を振ろうとすると、最近みな目を伏せるんですよね」

虐待の初期対応チームのトップを務める課長の上原民子はため息をついた。

午後6時20分。警察官が16歳の女子高校生を連れて、児童相談所にやってきた。子どもが警察に自ら足を運んで助けを求めたケースだ。

すでに、30分ほど前には警察から電話連絡が入り、児童相談所は女子高校生を一時保護する方向で動いていた。上原の指示で、女子高校生が暮らす自治体に連絡して家族状況を確認。同時に、本人が通う高校に電話し、それとともに、きょうだいの通う小学校にも連絡して、きょうだいへの虐待の兆候がないかどうかなどについても、職員が手分けして情報収集に動いていた。

そんな中で、女子高校生本人が児童相談所に到着したのだ。すぐに話を聞かなくてはならない。

だが、初期対応チームのワーカー（児童福祉司）はみな手がふさがっていた。数日前に一時保護した子どもの保護者と電話で話しているワーカー、一時保護中の別の高校生が通う学校と打ち合わせ中のワーカー、一時保護した子どもの親と面接室で面談中のワーカー……。

「人がいない‼」

上原は思わず声をあげた。「自分が対応するしかない」と思ったが、数日前に一時保護したケースについて地元の自治体から相談の電話が入ってきてしまった。取り次ぎの職員によると、急いでいるとのことだ。この電話には出ざるをえない。

電話に手を伸ばそうとしていると、ほかの職員から、受付に「課長に会いたい」と予約なしで来た別の親が待っているとのメモが差し出された。上原は受話器を取りながら、受付の職員に向かって言った。

「いま緊急対応中です。今日は対応することは難しいので、こちらから連絡すると、待っているその親御さんを説得してください」

複数のケースにわたる、さまざまな対応が同時進行している。初期対応チームはてんてこ舞いだ。

自治体との電話を終えた上原は、

「だれか彼女（一時保護する女子高校生）のために（夕食用の）弁当を買ってきて！」

と叫び、手の空いていたほかの課の職員と2人で面接室に向かった。

約40分後、女子高校生と警察からの聞き取りを終えた上原は、自席に戻り、今度は女子高校生の母親に電話を入れた。

「娘さんを一時保護させてもらいました。しばらく保護することになるので、洋服などを持ってきてもらえないでしょうか」

しかし、母親からの返事は、

「車がないから、行けない」

「こちらから一度担当ワーカーが行きますから。用意をお願いします」

と上原は電話を切った。

親とのやりとりに、苦労することは少なくない。生活保護世帯だったり、養育困難家庭だったり、精神的な疾患があったり、保護者自身がしんどさを抱えているケースが大半だ。いらだちや不安、不満が刃《やいば》となって児童相談所に向けられる。その対応が、ワーカーたちの忙しさに拍車をかける。

翌日、女子高校生の洋服や身の回りのものを取りに、担当のワーカーが母親のもとに向かった。

その数日後、今度は母親が児童相談所に電話をしてきた。

「いま○○駅にいる。娘の携帯を解約したいから、いますぐ携帯を持ってきてほしい」

担当ワーカーの加藤優子が丁寧な口調で「うかがうことはできません。児童相談所に来てもらえば対応できます」と伝えた。納得しない母親に何度も同じ言葉を繰り返した。

その横では、ワーカーの山田愛が受話器を握って、懸命に話しかけていた。相手は、一時保護中の保育園児の母親だ。

「お母さん、めぐちゃんの髪を切ってもいいですか。とても長くなっていますから」

子どもを預かる一時保護所で髪の毛を切ることを承諾してもらうためだ。子どもの様子を丁寧に説明し、納得してもらった。

電話の後で、山田はため息を漏らした。

「めぐちゃんは、母親に暴力を振るわれて一時保護したんですけどね」

気むずかしい親たちにはワーカーたちは特に気を遣って対応している。散髪や予防接種など、子どもにかかわることは手間がかかっても事前にこまめに連絡する。勝手に何かをやったとなって親との関係がこじれてしまえば、親は児童相談所の言うことに反発するだけになってしまうからだ。

そうなってしまえば結局、子どものためにはならない。すべては子どものため、ワーカーたちは親にも気を配り、対応を続けている。

担当が何件あるかわからないぐらい

児童相談所の一角に、ワーカーの阿部圭子とスーパーバイザー役の岡田明ともう一人の計3人が集まった。時計の針は午前9時50分を指している。

阿部が担当するケースについて対応を話し合う月1回の会議だ。虐待の初期対応チームの阿部が担当するケースは約70件。

ほかの初期対応ワーカーが抱えるケース数も似たり寄ったりで、それぞれが月に1回、同様の会議を上司と個別に持つ。

一時保護をしたケース、自宅で見守るケースなど、いろいろあるが、日々、これに虐待通告による子どもの安全確認、緊急の職権保護などの業務が押し寄せてくる。

「自分の担当ケースが何件あるかわからないぐらいです」

阿部は苦笑いした。

ワーカーは自分が担当するケースを、リスクに応じて「Ⅰ」「Ⅱ」「Ⅲ」「Ⅳ」の4段階に分けて管理している。この日の会議は、リスクが高く要注意と判断しているⅠとⅡのケースが対象で、最近の状況を確認、これまで通りの判定でいいのかどうかを見極め、今後の方針を決めるものだ。とは言っても、会議の予定を入れておいても、緊急対応が入れば、飛んでしまうこともある。現に、阿部の場合、先月のこの会議は、緊急の対応が入ってしまって開くことができなかった。

岡田ら2人に向かって阿部が説明していく。

「小学生の男の子2人。いまは祖母宅で暮らしています。母親が大量服薬して自殺を図ったため、子どもが一時保護されました。自宅はゴミ屋敷でウジがわいていました」

「最近、子どもが担任の先生に『ぼく、そろそろ帰る』と言っているとのことです」

基本的な報告が済むと、岡田が母親の精神状態、祖母宅の状況などについて尋ねた。

「実際に母親を家庭訪問して家の状況を確認し、今後どうしたいか聞かないといけないと思っています」

と阿部は言い、さらに「祖母には同居の男性がいます」と付け加えた。

岡田の質問は容赦ない。祖母と同居するその男性が何歳で、どんな仕事をしているのか、子どもや母親との関係はどうなのか——。次々と細かなことを尋ねてくる。阿部の説明をすべて聞いた後で、岡田が、今後の支援の方向を提案した。

「（子どもの）生活の主体は祖母宅に置いて、その上で母親と交流を図るのがいいのではないか」。すると、同席していた先輩ワーカーが、

「心配なのは、子どもと別居になって、子どもの分の生活保護が止まると、母親が子どもを自宅に連れ戻そうとするのではないかということです。保護費のこと以外、子どもがいないことに母親は困っていません。男性のかげもあります」

と指摘した。

阿部が意見を言った。

「母親が家の中をきれいにしてきちんと養育していけるなら、家で暮らした方がいいと思います。いずれにしても母親の意思によって対応が変わると思います。早いうちに家庭訪問に行って、確認してきます。いまの状態なら、判定はⅡのままで、いいですね」

このケースの話し合いに約20分かかった。

次は、高校からの通告で母親から暴力を振るわれたことがわかった高校生のケースだ。児童相談所が一時保護しようとしたが、本人が拒否したために、保護できなかった。

生活保護世帯で、きょうだいも多い。父親はアルコール依存症だ。

当初は危険度の最も高いⅠの判定だったが、家庭訪問や学校での聞き取りなどをして推移を見守った結果、1カ月後にⅡ判定にしていた。その時点から2カ月が過ぎている。阿部が最近の様子を報告した。

「最近は父親の酒量が減り、父母のけんかも少なくなっているようです」

阿部は、高校生が通う学校のほか、妹弟たちが通う小学校、中学校に確認をしたところ、子どもたちは体に傷もなく、元気に登校していることは確認したが、気になることがあると言った。

「高校生は進路をめぐって母親と対立しそうです。そこで、母親がまた暴力を振るう心配はあります」

と阿部が見立てを伝えた。それを受けて、岡田が具体的な指示を出した。

「父親の飲酒問題や母親の子どもへの思い、進路問題などを学校に伝えて、家族の中での変化を注意深く見ておいてもらうようにしてほしい。単に学校に『見守りをお願いします』ではダメ。どういうふうに、何を見守ってほしいのかを具体的に伝えておいてほしい。必要があれば児童相談所が介入するということを伝えておくことも大切だ。ランクをⅢにして支援につなぐように」

「じゃあ学校に伝えて、学校と地域で見守ってもらうということでいいですね」

と阿部が応じた。

こんなやりとりが、午後2時半まで続いたが、この日協議できたのは、予定の半分の10ケースだった。担当するケースが多すぎて、すべてを話し合うことさえままならない。比較的リスクの低いⅢやⅣのケースについても、月1回の会議があるが、消化しきれない状況は同じだ。

子どもや家族を取り巻く環境や親の意識の変化で、担当ケースの危険度は上がったり、下がったりする。定期的にリスク管理をきちんとしておくことが重要だが、担当するケースが多いとそれも簡単ではない。

ワーカーの配置数が全国でも多い、この児童相談所では、阿部が担当するケース数は約70件だが、全国を見渡せば、ワーカー1人当たりの担当数が100件を超えることも珍しくない。ちなみに、英国、米国、カナダなどでは1人当たりの担当ケース数は20件前後と言われている。

阿部圭子のある1日

午前8時20分	出勤
午前8時45分	児童相談所から車を運転してA町に向けて出発
午前9時30分	A町で、一時保護していた子どもを帰した家庭を訪問、母親と面談
午前10時40分	車の中からB町にある保育園に電話。子どもの様子を確認
午前11時	B町で一時保護から子どもを帰した家庭を訪問。母親と面談
午後0時40分	A町の小学校訪問。子どもと面会
午後1時30分	A町の担当者と打ち合わせ
午後3時45分	車を運転して児童相談所に戻る。7カ所からの伝言あり。それぞれに電話連絡した後、事務作業
午後6時30分	C市で一時保護中の子どもの家庭を訪問するため、児童相談所を出発
午後8時30分	C市に家庭訪問し、父母との面談が終了。そのまま帰宅

48時間ルール

児童相談所の電話が鳴った。

午後6時すぎ。すでに職員の終業時間は過ぎている。

「住んでいるアパートで、母親が娘を怒鳴る声がしている。娘が泣いている」

住民からの虐待通告だった。「出ていけ!」という母親の怒鳴り声、「お願いやから、○○しないで」と泣く娘の声が聞こえるという。

虐待通告を受けた児童相談所は、48時間以内に子どもの安全を確認するよう求められている。「48時間ルール」は1999年に埼玉県が始めた。厚生労働省は当初、児童相談所の負担などを考慮し、参考として紹介するにとどめていたが、京都府で3歳の男の子が食事を与えられずに餓死した事件が2006年に発生して、厚生労働省が児童相談所運営指針を2007年に改正、全国的なルールとした。

京都府の事件では児童相談所に4回通告があったにもかかわらず、児童相談所は確認を怠り、虐待死を防げなかったことが明らかになった。

虐待通告が重なれば、人手をさいて安全確認に向かわなければならない。「大丈夫だろう」と後回しにしたり、子どもに直接会えないままにしたりして、子どもが死亡するケースが後を絶たないからだ。まさに時間との闘いだ。

子どもの激しい泣き声が聞こえるという「泣き声通告」を受け、初期対応チームを率いる課長の上原民子がすぐに、住所から家族状況を割り出すように指示した。手の空いていた職員が住所地の自治体に問い合わせると、30分ほどで打ち返しの連絡があり、名前や家族構成が判明した。

それによると、母子家庭で、娘は小学4年だった。職員が名前を告げて報告すると、上原がひと言。

「あれ、その名前、聞いたことがある……」

上原が急いで、過去の通告記録などを調べた。ページをめくっていくと、少し前に離婚して別に暮らす父親が「娘が母親に虐待されているかもしれない」と児童相談所に通告していた記録が見つかった。

内容は「娘からメールが来た。娘が泣いているようだ」。だが、このとき父親は「自分が通告したということは、絶対に言わないでほしい」と主張したため、家庭訪問をできないでいた事案だった。

「今日の通告で、この家庭に入れる！」

上原は前向きに受け止めた。問題はだれが確認に行くかだ。この日は朝から幼い姉妹を緊急で職権保護しており、このときはまだ、ワーカーらによる一時保護した姉妹の親との面接が続いていた。さっきまでいた2人のワーカーも午後6時に、別件で一時保護した子どもの親に会うために家庭訪問に出掛けたばかりだった。ほかのワーカーもいない。

目の前に残っていたワーカーは2人だけ。ワーカー6年目の阿部圭子と2年目の高橋美枝子だ。2人が急きょ、小学生の安全確認に行くことになった。

午後7時、阿部と高橋は児童相談所の駐車場へ急いだ。

「今日は息子のために早く帰りたかったんだけどな〜」と高橋はぼやいた。

車に乗り込もうとしたところ、児童相談所の窓から、上司の岡田明の声がした。

「もう1件、子どもの安全確認が必要なケースがある。こちらは、いま家庭訪問に出ている別の2人に連絡を入れて頼むから、途中で落ち合って住宅地図と通告内容を記した資料を渡してくれ。それから自分たちの確認に行ってくれ！」

指示を受けた阿部が事務室に戻り、もう1件の通告資料などを手にして、車に乗り込んだ。

阿部がハンドルを握り、車を発進させた。途中でコンビニの駐車場に車を滑り込ませ、一時停車。エンジンを切って、ワーカーの山本和子と加藤優子が来るのを待った。あたりは、もう真っ暗だ。道を照らす街灯の光の中、山本の運転する車が駐車場に入ってくるのが見えた。手を振って合図し、山本と加藤と合流、頼まれた地図と資料を渡した。

「お疲れ様です」

互いに声をかけあった。「疲れたね。頑張ろう」と言いながら、山本が阿部と高橋に持っていたチョコレートを手渡した。「気をつけてね」。4人のワーカーたちは二手に分かれて確認に向かった。

阿部と高橋は、山本にもらったチョコレートを口に放り込み、車を急がせた。目指すアパート近くに車を止め、そっと車を降りた。

午後8時10分。母親の怒鳴り声が聞こえたという家のインターホンを押した。小学4年の娘が出てきた。

「こんばんは。児童相談所の職員ですけど、お母さんいますか?」

阿部がお願いすると、娘は家の奥に引っ込んで、母親を呼んできた。母親は何事ですか、という顔で出てきた。阿部が、近所から大きな声が聞こえるという通告があったことを伝えた。

「しかっていました。そう（虐待のように）聞こえるかもしれませんね」

宿題をしていないことを怒ったら、娘がドアを激しく閉めたと母親は説明した。

「ほら、あなたが音をたてるから、近所の人はびっくりするのよ」

母親は娘に向かって言った。

阿部と高橋は玄関口で約30分、日常生活や学校の様子、母子関係などについて聞き取り、引き揚げた。

「とりあえず子どもの無事は確認できた。でも、母親の冷たさは気になりますね。心理的虐待の可能性も考えなくてはいけないですね」

阿部は、早いうちに小学校からの聞き取りが必要だと思った。虐待ではないと判断するにはまだ時間がかかりそうだ。

阿部と高橋が児童相談所に戻ったのは午後9時前だった。

一方の山本と加藤のコンビは、泣き声がすると通告があった家を訪ねた。出てきた母親に山本が「大変ですね」と声をかけると、母親は笑顔を見せて、「夜泣きがあって大変なんです」と話した。赤ちゃんの様子を見せてほしいと頼むと、母親が奥から赤ちゃんを抱いて連れてきてくれた。ふくよかで元気そうな赤ちゃんだった。話しているうちに、母親が現在、妊娠6カ月だということもわかった。

赤ちゃんの無事を確認して、山本と加藤が児童相談所に戻ったのは、阿部らから30分ほど後だった。虐待の兆候はいまのところないと判断したが、赤ちゃんの夜泣きに苦労し、しかも母親は次の子どもを身ごもっていた。山本は疲れた頭を抱えながらも、翌週に改めて母親と連絡をとり、地元の自治体と協力して支援していこうと考えた。

学校や病院、住民などからの通告から48時間以内に子どもに会いに行き、安全を確認するのは地道な作業だ。児童相談所によっては、24時間以内に確認することを独自に定めているところもある。しかも、子どもの姿を目視して確認できたからといって簡単には安心できない。全く問題がないこともあるが、家庭環境などに課題や危惧が垣間見えることも少なくない。そんな親子には、何らかの支援が必要だ。

通告を受けて、子どもに会い、その場で子どもの安全が確認できたとしても、それで終わりにはならない。

夜食はコンビニのおにぎり

「お母さんといたい」

小学校低学年の女の子が、学校に駆けつけた児童相談所のワーカーの前で繰り返した。

精神的に不安定な母親が、女の子のランドセルを放り投げたり、女の子を蹴ったりしているところと、前の日に小学校から児童相談所に虐待通告があった。母親が包丁を持ち出したという情報もあった。

一時保護をするつもりで、虐待の初期対応チームのワーカーら3人が小学校に向かった。到着したワーカーらは、何があったのかを、女の子に尋ねた。

「肩をたたかれた」

「足をたたかれた」

だが、女の子は「けられた」とは言わない。目立った傷もなかった。以前から養育が難しい家庭で、女の子はかつて、児童養護施設に入ったことがある。

ワーカーが「あなたのことが心配だから、保護をしたい」と伝えたが、女の子は、

「施設はイヤ」

と言った。

ワーカーが2時間近く説得を続けたが、女の子は首を縦には振らず、この日の一時保護は見送られた。

子どもの安全を守るためには、児童相談所は親の同意がなくても職権で子どもを一時保護することもある。ただ、この児童相談所では、意思表示できる年齢の子どもに対しては、保護の理由をきちんと説明したうえで、承諾してくれるかどうかを尋ねる。いやがる子どもを引きずっていくわけにもいかず、承諾してくれなければ保護は見送らざるを得ない。

この日の小学生のように、子どもが一時保護に同意しないことも少なくない。この女の子の場合は、子どもに変化がないか学校に十分に注意してもらうとともに、ワーカーが子どもへの説得を続けつつ、母親への支援や同居する祖母との面談などでも家庭をフォローしていくことにした。

3人のワーカーが女の子と向き合っていたころ、別のワーカーら2人は別の地域の中学校にいた。性的虐待を受けた疑いがある女子中学生がいるとの情報が入ったからだ。

「あなたの安全のために保護したい」

ワーカーらがこう伝えると、女子中学生は泣きながらうなずいた。

中学校や小学校から戻ってきたワーカーたちは夕方、再び、また違う地域の保育園に向かい、あざが見つかった男の子を一時保護した。

「傷があるから、病院に行こうか?」

ワーカーがそう声をかけると、男の子はうなずいた。

一時保護に向かったワーカーたちが、保護した子どもを病院や一時保護委託をした養育里親のもとに連れて行くなど、まだ走り回っている一方で、児童相談所にいる課長の上原民子やほかのワーカーたちは、来所する親の対応に追われた。

午後7時前後には、性的虐待の疑いで保護した女子中学生の両親、別に保護した保育園児の両親がそれぞれ相次いで児童相談所に到着。上原ら児童相談所にいた職員が2人ずつ、それぞれの両親に対応するために面接室に入った。

どちらの両親も、なぜ子どもが一時保護されなければならないのか、納得できない様子で、面接は長引いた。午後8時半すぎ、上原らはやっと自席に戻って来た。初期対応チームのワーカーたちはそれから、パソコンを開き、記録作りに取りかかった。

病院での診察を終え、保育園児を一時保護先に送り届けた職員が戻ってきたのは午後11時。まだ、ほとんどのワーカーがパソコンに向かっていた。夜が静かに更けていく。

次長が差し入れてくれたコンビニのおにぎりをみなで口に運んでいると、突然、電話が鳴った。緊張が走った。

「なに？　いまごろ」

上原が受話器を取ると、病院からだった。

「今晩、飛び込み出産があった。母親は妊婦健診を全く受けておらず、育てる気がない」

上原は聞いた情報をメモし、「係の者を明日行かせます」と言って、電話を切った。

「何かあると止まらない」

上原はため息をついた。

児童相談所の建物の中で、初期対応チームの一角だけが未明までこうこうと明るかった。

【キーワード】里親制度

虐待などさまざまな事情によって家庭での養育が困難だったり、受けられなくなったりした子どもたちを家庭環境の下で養育する制度。家庭的な環境で生活することで、子どもが成長する上で極めて重要とされる特定の大人との愛着関係を形成し、養育ができるとされる。里親には、実親が死亡したり、行方不明になったりした場合などに子どもを養育する親族里親、養子縁組を希望する里親、一定期間、子どもを家族として迎え入れて養育する養育里親がある。養育里親の中には、虐待や非行、障害などの理由で専門的な援助を必要とする難しい子どもを引き受ける専門里親がおり、いずれも児童相談所が家庭訪問などをして里親としてふさわしいか調査、その後研修を受け、審査を経て登録される。このほか、家庭的な養育環境としては、定員5～6人のファミリーホームがある。

養育里親やファミリーホームには一時保護を委託されることもある。

2017年3月現在、里親として登録されているのは、1万1405世帯。区分別でみると、重複があるが、養育里親が約9100世帯、専門里親が約700世帯、養子縁組里親が約3800世帯、親族里親が約500世帯。子どもが委託されている里親は4038世帯で、預けられている子どもは5190人。ただし、一時保護委託（39ページを参照）はこの数字には含まれない。

夜中も早朝も週末も鳴り響く電話

分厚いファイルがある。

夜間や週末、休日の電話受付簿だ。児童相談所が閉庁している時間帯は、電話の受け付けを担当する職員が出勤し、児童相談所にかかる電話の一次対応を一手に引き受けている。ある土曜と日曜の記録。子どもを一時保護されたひとりの母親から繰り返し電話がかかってきた様子が記されていた。

土曜の午後8時前。「なぜ娘を帰さないのか。訴えるぞ」などと約11分。日付が変わった日曜の午前1時台に2回、午前4時半と午前5時に各1回、午前6時台に2回……。

「30分以内に対応しろ」

「担当ワーカーを出せ」

などと一方的に話しては切れていた。

午前11時すぎから再び母親からの電話が入り始め、結局、土日だけで、この母親からは10回電話がかかってきた。記録には、その間、ほかの電話が入っていることも記されていた。

週末も夜中も早朝も、年末年始も、24時間365日、児童相談所の電話は鳴り続けている。

親からのクレームだけではない。児童養護施設や乳児院で子どもに何かあれば電話がかかってくるし、警察からの緊急連絡や住民からの虐待通告もある。

ある土曜の午後3時、虐待の初期対応チームを率いる課長の上原民子の携帯電話が鳴った。この日の電話受付担当者からだ。上原は児童相談所から自宅に戻ったばかりだった。

「また、なんだろうか?」

上原はこの日の午前中、土曜にもかかわらず、担当エリアにある児童養護施設から、他県に住む親族に引き取られる子どもの対応のために出勤していた。施設に子どもを迎えに行き、児童相談所に来てもらった親族に引き渡した。それが午後2時すぎに終わり、帰宅した。このところ、平日は連日午前様。せめてこの日は、引き取り対応の後に休もうと思っていた。

が、無情にも携帯電話が鳴った。

電話を取ると、電話受付担当の職員が、子どもを一時保護された保護者がいきなり児童相談所に現れ、「子どもはどこにいるのか?」と周辺を歩き回っているという状況を伝えてきた。週末で担当ワーカーは不在だから、月曜に出直してほしいと伝えたが、聞いてもらえない、というSOSだった。

担当のワーカーに連絡がとれなかったり、職員が対応に困ったり、迷ったりしたときは、初期対応チームの責任者である上原に連絡が来ることになっている。

上原としては、まず児童相談所に押しかけた保護者に、責任者として電話をかけ、月曜以降の対応になることを伝えなくてはならない。公用の携帯電話を持っているものの、それでかけてしまうと、今度は夜中などに、いつ保護者から電話がかかってくるかわからない。それは避けたい。

結局、上原は午後5時すぎに再び出勤した。

児童相談所の固定電話から保護者に電話した。いまは子どもに会わせることはできないことを説明したが、保護者はなかなか納得しなかった。結局、1時間ぐらい話をし、来週早々に担当ワーカーと面談してもらうことなどを決め、やっと電話を切ることができた。

「よし、今度こそ帰ろう」

受話器を置いた途端、机の上の固定電話が、また鳴った。

この日の当番の電話受付担当者からの内線電話だ。上原の電話中に、以前、児童相談所がかかわったことがある母親から、「上原と話したい」という名指しの電話があったという。緊急対応が必要なのか判断がつかないということだった。

上原は、折り返し、固定電話から母親に電話した。電話口から最初に聞こえてきた言葉は、

「私の話を聞いてもらいたいんです」

母親は子育てのしんどさを延々と語った。上原は2時間近く、ただひたすら耳を傾けた。時計の針は午後8時を回ろうとしていた。

「そろそろ私も動かなくてはいけないから、今日はここまででいいでしょうか」

上原は申し訳なさそうに電話を切った。

6時間、30人について話し合う

「会議始めます」

児童相談所内の職員に対して、次長が声をかけた。毎週1回、午前9時に始まる児童相談所内の会議だ。一時保護をした子どもや施設に入った子ども、家庭に戻した子どもなどについて、子ども本人や家族の状況を把握、今後の処遇や支援の方針を児童相談所内で共有するものだ。

所内の一番大きな会議室で、所長、次長以下、初期対応チーム、家庭支援チーム、相談

チームなどを率いる課長ら幹部が並び、一時保護所の職員やワーカー、児童心理司らが随時出入りして、自分の担当ケースについて報告する。

まずは、一時保護した中学2年の女の子について。これからの生活をどのように支えていくのかという今後の処遇方針が話し合われた。

女の子は、母親とともにビジネスホテルを泊まり歩いているところを保護された。学校には通っていなかった。

女の子が生活する一時保護所の職員が報告する。

「彼女は几帳面で、まじめ。生活面では問題ありません。ただ、最近、右目が見えにくいと訴えています」

それを受けて、担当ワーカーが応じた。

「視力は右が1・2、左は0・9なので、見えないことはない。心因性かもしれない」

女の子が児童養護施設に入所することを了承していることもワーカーが報告した。

「彼女には、昨日、入所の意思を確認しました。ただ、両親とは連絡がつきません」

次に議論になったのは、受け入れ先の児童養護施設をどこにするかだ。施設はどこもほぼいっぱいで、中学生ぐらいの年齢の女子を引き受けてくれるところは限られている。◯

○施設か××寮が候補だ。
施設と受け入れの交渉をしている課長の上原民子が言う。

「○○施設は受け入れを考えてくれているが、自転車に乗れるかと聞かれています。通学に必要だそうです」

だが、女の子は自転車に乗ることができない。このままでは受け入れ施設がないかもしれない。たまらず、担当の児童心理司が手を挙げた。

「いまから練習するっていうのはどうでしょうか?」

それを聞いたベテランワーカーの岡田明が、

「将来、社会生活を営んでいくのにも必要だから、一時保護所で練習してみたらいいのではないでしょうか」と賛同すると、「やってみます」と一時保護所の職員が応じた。

一人ひとりの子どもは能力も違えば、背景や環境、精神状態も違う。会議では、その子どもにとって最もよい処遇は何かを探りながら、今後の見通しについて、1件ずつ丁寧に、真剣に話し合っていく。

次に、2歳の女の子について、担当ワーカーが説明を始めた。

両親ともに知的障害があり、母親が下の子を出産したために、2歳のこの子を児童相談所が預かった。赤ちゃんも乳児院にショートステイしているが、1週間ぐらいで子どもたちは家に帰す予定であることを報告した。課長や岡田らから質問が飛んだ。

「両親2人で大丈夫？　母親はどんな人？」

「ネグレクト（育児放棄）ではない。ヘルパーが週に2回入って家事支援している」

ワーカーの報告を聞き、児童相談所としての対応方針を決めていく。

「母親の育児力や父親の協力度もおさえておかなくてはいけない。要保護児童対策地域協議会（要対協）でケース検討会を開いて、何かサインがあれば、すぐに地域で対応できる態勢を整えておいた方がいい」

児童相談所がかかわる子どもたちは、保護者自身が知的障害、精神疾患、精神不安定、経済的困窮など問題を抱えていることも少なくない。子どもを守るためには、リスクを常に確認しつつ、同時に保護者を支援していかなくてはならない。

会議では、一時保護所で生活する子どもたちの様子も一人ひとり報告される。ネグレクトで保護された10歳の女の子は食べものの好き嫌いが激しく、野菜をほとんど食べられない。

「食事で出された野菜を食べられたら、壁に貼った紙にシールを貼るという取り組みをしている。頑張っている」と一時保護所担当の課長が話した。

義父から暴力を受けて一時保護された8歳の男の子は、食べるのが遅い。タイマーで20分を設定、時間内で食べることができたら、一緒に生活する子どもたちみんなが拍手するようにしたところ、男の子は拍手をもらうのがうれしくて、食べる速度が速くなっているという。

「学習のペースも遅いが、怠けているのではなく、字なども丁寧に書こうとしている。引き続き、観察していきます」

この日の会議は、昼休みを挟んで午後4時まで、計6時間に及んだ。30人の子どもたちの処遇について話し合われた。

急な入院に泊まりで付き添い

虐待の初期対応ワーカー3年目の加藤優子は20代。毎日夜遅くなるとはいっても、いつものように、この日も夫の待つ自宅に帰れると思っていた。

だが、そうはいかなかった。

午後5時だった。乳児院に一時保護委託している幼児たちの病院受診に付き添った児童相談所の職員から連絡が入った。3歳の男の子が41度の熱を出し、肺炎の疑いがあると診断され、そのまま入院となったという。

この職員は非常勤で、勤務は午後7時まで。それ以降の付き添いを交代する人間が必要になった。電話を受けた課長の上原民子が、病院の付き添いが必要になった事情を大きな声でワーカーたちに告げた。

男の子の担当ワーカーは加藤だった。

「私が泊まります」

迷うことなく加藤は手を挙げた。男の子の入院予定は1週間。今晩はとりあえず加藤が付き添うにしても、その後のローテーションを組まなくてはならない。上原は頭を抱えた。

もう一つの悩みは、費用だ。付き添い用のベッドの布団代は1晩300円。だが、一時保護した子どもへのそうした費用をまかなえる予算がない。

「ベッド代は何とかなりますか?」

上原は経理担当の職員に声をかけた。職員は「何とかします」と対応したものの、心の中では職場に回しているカンパから出さなくてはいけないかもしれないと思った。

午後7時から付き添いに入る加藤は、

「泊まりの用意をしているわけじゃないし、いやだけど仕方ない」。すぐに夫に、

「今日は帰れない」

とメールした。

この夜は、別の子どもの親に家庭訪問して会うことになっていたが、その予定はキャンセルしてもらった。翌朝は午前9時から、担当する別のケースで、今後の対応を関係機関と話し合う要対協のケース検討会議が控えていた。病院に行く前に、その資料を作っておかなくてはならない。加藤はすぐにパソコンに向かった。

その様子を見ていた児童心理司の石川綾子が、

「午後9時までなら私が付き添いに行ってもいいよ」

と声をかけてきた。

「ありがたい」

加藤は大急ぎで資料を作り、午後6時半に児童相談所を出て、いったん帰宅。シャワーを浴びて、午後9時から病院に入った。

結局、加藤はこの夜、2時間ほどしか眠れなかった。翌朝午前7時に別の職員と付き添いを交代して、そのまま児童相談所に出勤、ケース検討会議に出かけて行った。

一方、入院した3歳の男の子は、熱が下がり、元気になってきた。もともと多動の傾向がある子どもで、動きがかなり活発になってきている。

「アンパンマンのDVDでも持って行ってあげたらいいんじゃないかと思います」

朝、加藤と交代して付き添った職員が児童相談所に戻って来て提案した。

男の子は約1週間で快復し、退院の日を迎えた。その日は、休日だった。加藤はもともと休みの予定だったが、迎えに行くために休みを返上して、出勤。病院に男の子を迎えに行き、一時保護先の乳児院に連れて行った。

「休日出勤ですけど、これはもう仕方ないです。珍しいことではないですし」

加藤はそう言って笑った。

「うちがネグレクト」

バジルのパスタを食べようとしているときだった。

午後9時半すぎ、いつものように残業をして帰宅していた虐待初期対応ワーカーの阿部圭子の携帯電話が鳴った。手際よく料理をして、遅い夕食とはいえ、夫と向き合い、ほっとした時間を過ごそうとしていた。

携帯電話を見ると、発信元は児童相談所の番号だ。胸騒ぎがした。

この日の夜は、緊急事態が発生すれば、対応しなければならない当番にあたっていた。電話の内容は、病院から虐待が疑われるケースがあったとの通告が寄せられたという。父親から暴力を受け、小学生が脳しんとうを起こして運ばれたので、病院に行って確かめてほしいとの依頼だった。

阿部は食事もせずに、すぐに自宅を飛び出した。車を運転して約1時間。ほかのワーカーと病院で落ち合った。子どもは吐き気が止まらずに、そのまま入院となっていた。阿部は病院にいた父親に何があったのか話を聞いた。

「質問しても息子が何も答えなかった。小突いた後に押し倒し、足で踏んづけた」

父親は正直に話している様子で、状況はある程度把握できた。今晩は、子どもは入院しており、これ以上傷つけられる危険性はない。翌日に一時保護することを決めて、阿部は病院を後にした。

阿部が帰宅したのは午前0時すぎ、パスタは冷え切っていた。夫はすでに食事を終えて寝ていた。阿部はひとりで冷めたパスタを口に運び、ふろに入って、床に就いた。翌朝は午前8時半に出勤。その後、入院した子どもの一時保護に向かった。

阿部は初期対応チームに入って4年目の30代。子どもを守りたいと日夜飛び回るが、日々何が起こるかわからない緊張感と忙しさでへとへとだ。ある晩遅くなり、車で帰宅する途中で、夫と2人分の牛丼を買ったものの、車に戻った途端に睡魔に襲われ、牛丼が入ったビニール袋を抱えたまま、眠りこけてしまったこともある。

ワーカーたちは、夜間の対応だけでなく、土日の緊急対応も避けられない。児童相談所が閉まっている週末や祝日も緊急対応する当番を決めている。そのときは休みでも、基本的には家にいて、いつ連絡があっても対応できるようにしておかなければならない。

こんな日もあった。

ある土曜の午後、阿部が家でくつろいでいると携帯電話が鳴った。

「あ〜、あたってしまった」

この日は、緊急時には対応する当番になっていた。阿部は一瞬落ち込んだが、気持ちを切り替えて、電話に出た。

児童相談所からの連絡によると、小学生と中学生の姉妹がひとり親の母親から暴力を振るわれたり、食事をさせてもらえなかったりしている、という。姉妹が「家に帰りたくない」と訴えていると、親族が児童相談所に連絡してきたとのことだった。

虐待通告だ。まずは姉妹に会わなくてはならない。阿部は自宅から車を走らせ、この日のもうひとりの当番にあたっていた児童心理司と途中で落ち合い、姉妹が身を寄せる親族宅に向かった。

姉妹の意思を確認後、母親の元へ行ったが、母親は家から出てこなかった。地元の自治体の職員にも応援に来てもらって母親の説得を続けるものの、時間がかかった。そのうちに、駆けつけた親族と母親のケンカが始まる事態になった。結局、すったもんだの末、最終的には母親の了承をとりつけ、姉妹は一時保護となった。

翌日は家庭訪問をして、母親から詳しく状況を聞き取らなくてはならない。それは日曜の緊急対応当番のワーカーに頼むことになる。阿部は児童相談所に戻って引き継ぎ資料を作った。その資料を、翌日の当番の机の上に置き、だれもいない事務所の電気を消して、帰路に着いた。

帰宅したのは、日付が越えてからだった。

緊急対応は、ワーカー本人だけでなく、ワーカーの家族たちにも影響がある。

もともと保育士で、児童相談所の初期対応チームに入って2年目の高橋美枝子は、10歳から18歳までの3人の子どもの母親でもある。

最近、高橋が肌身離さず持っている携帯電話が鳴ると、子どもがびくっと反応するようになってしまった。電話の呼び出し音がなると、母親が緊急で呼び出されることがわかっているからだ。

平日も夜は9時、10時の帰宅はふつう。それから作り置きしておいたおかずと、ゆでたうどんで子どもたちと夕食ということも珍しくない。

サッカーを習っている小学生の息子にたまには付き合いたいと思っていた日も、夕方に入った虐待通告の対応のために、後ろ髪を引かれる思いで安全確認に向かったこともある。

初期対応チームに入ってからは、週2回は実家の母親に来てもらって、子どもたちの夕食の世話をしてもらっている。

「ほとんどうちがネグレクトです」

と高橋は言う。

小学生の息子が書いた作文がある。

「お母さんがごはんを作る回数が減った。もっと作ってほしいけど、あんまり無理を言うとお母さんが困るから言わない」

その作文を読んだ高橋は、胸が張り裂けそうになった。

当番ではない週末でも、仕事が追いつかずに出勤することが珍しくない。平日に一時保護した子どもの親との面接があったり、児童養護施設に入所させるための書類や児童相談所内の会議資料を作ったり……。

「まだ経験不足で資料を作るのにも時間がかかるんです」と高橋は漏らす。

精神的にもきつい。一時保護した子どもの親から怒鳴られ、心が折れそうになることもある。でも、

「親には、自分がしていることが虐待であるということ、そして虐待はしてはいけないということをわかってもらわなくては」

高橋は毎日、自分を奮い立たせている。

「明けない夜はない」

虐待の初期対応ワーカーになって4年目、阿部圭子には、いまも忘れられない光景がある。

数年前のことだ。ゼロ歳と2歳の2人の子どもを抱えた若いシングルマザーがいた。小粋なコートを着て出掛けるおしゃれな母親だったが、家ではネグレクトをしていた。

地元の保健師が何回も家庭訪問したが、母親に会うことができなかった。交際する男性ができて、長時間家を空けていたようだ。

「家の中から異臭がする」

保健師から児童相談所に連絡があり、大家に鍵を開けてもらって立ち入り調査をした。

阿部が目にしたのは――。ドアを開けると、部屋の中はゴミだらけだった。腐臭が鼻をついた。台所のシンクには食器や食べ残しが山積みになっていた。床には黒ずんだ布団やゴミ、衣類、ミルク缶が散乱していた。

そのゴミの中に、子どもがいた。

2人とも全身汚物まみれで、着ているパジャマは茶色になっていた。衰弱しきっていて、2人とも「あー」とも「うー」とも声をあげることさえできなかった。

阿部は子どもたちを緊急保護した。いま、2人は児童養護施設で暮らす。

「私の経験ではこれが一番ひどかった。あのままだったら、死んでいた」

と阿部は振り返る。

阿部は大学を出て別の仕事をしていたが、子どもが虐待死するニュースを見て、

「自分が救う側に回りたい」

と、この世界に飛び込んだ。子どもの保護に東奔西走する日々の中で、

「赤ちゃんで、保育園にもどこにも通っていないというのが一番怖い」

と漏らす。自分の担当するケースでいつ死亡事故が起きてもおかしくないと感じている。

「もしかしたら子どもが亡くなるかも」

そんな不安や緊張を強いられる児童相談所のワーカーたちは、一方で、親から怒鳴られることも珍しくない。それでも「子どもにとっての最善の利益」を考えて日々、走り続けている。

阿部は、親に対して強い態度で臨むことに躊躇はない。

「親と関係を作ろうと思うとしんどいけれど、別にどう思われようといいと思えば乗り越えられます」

「子どもを救えたらそれでいい」と阿部は自分に言い聞かせている。「自分はこんなに冷たい人間かと思うこともありますけど……」と冗談っぽく笑うが、心の強さも求められる

のが虐待の初期対応をするワーカーたちだ。

少し前のことだ。小学生の男の子が父親に頭を踏みつけられてけがをし、一時保護した。両親からは猛烈な抗議が続いた。祖父母らも加わって、阿部は「だまして連れて行くやり方は汚い！」などとののしられた。何度も抗議されたが、阿部は一歩も譲らなかった。

「子どもの安全が第一です！」と繰り返した。

「お父さん、私ここに寝るんで、どれぐらいの感じでお子さんを踏んだかやってもらえますか？」

阿部は面談のときに父親にそう提案して、床に寝そべった。父親は戸惑いながらも、床をけって再現してみせた。父親は、

「どうしたら子どもを帰してくれるのか？」

と繰り返した。子どもが言うことを聞かなかったため、父親の威厳を見せようと足を振り上げたら、結果として踏みつけてしまったと主張した。

「足を上げたとしても踏んづけるというのはないですよ。それは虐待です。子どもに伝わるようなかかわり方をしてほしいんです」

阿部は父親に適切な対応をするよう言い続けた。

その後、父親が態度を改める意思を見せたため、子どもを家に戻し、学校などと協力して虐待の再発がないかフォローを続けている。

1カ月ほど前、父親に面談でこう言われた。

「息子が一時保護されてよかった。あそこで止めてくれていなかったら、もっとエスカレートしていたかもしれない。私は子どもを自分の枠にはめようとしていたことがわかりました。いまはかかわり方を変えました」

その言葉を聞いた阿部は、胸を熱くした。父親の晴れやかな笑顔に、

「この仕事をやっていてよかった」

と心から思えた。

子どもを一時保護すると、ほとんどの場合、保護直後の10日ほどは保護者から激しく抗議される。張り詰めた緊張感の中で、気力と体力を保ち続けることに限界を感じることすらある。支えは、

「子どもの命を守るため、間違ったことはしていない」

との思いだ。

「親からの抗議はいつか終わる。子どもを無事保護できていれば、親も途中で考え直し、

『悪かった』というところも出てきますから」

阿部は自分に言い聞かせるように、こう続けた。

「明けない夜はない、ということですね」

児童相談所のワーカーたちの奮闘は今日も続いている。

第6章　現場からの声

第5章までは、ある児童相談所に密着し、虐待の対応に追われる日々を記した。人手不足や職員の専門性の向上は全国の児童相談所の共通の課題でもある。第6章では、第5章までとは異なる地域を取材、現場からの声をお届けする。

全国でも先駆的な取り組みをしている福岡市こども総合相談センター（児童相談所）の所長とワーカー（児童福祉司）たち、ワーカーの配置率が全国の都道府県で1位の高知県の知事と中央児童相談所長ら、そして、長年虐待問題に取り組み、名古屋市で副市長を務めた弁護士に話を聞いた。

1　福岡市こども総合相談センター所長　藤林武史さん

（1958年生まれ。精神科医。2003年から所長を務める）

なぜ児童相談所に弁護士が必要か

——福岡市では日本で初めて、児童相談所に弁護士を常勤職員として配置しました。それが、いま「こども緊急支援課長」を務める久保健二さんですよね。2011年から任期付きで常勤雇用し、16年4月からは一般職員となりました。弁護士を配置したきっかけを教えてください。

藤林（敬称略）　福岡市で虐待死亡事件が多発し、2009年は5件、6人が死亡しました。児童相談所がかかわっているケースもあったし、かかわっていないケースもありました。いまの体制では不十分だということで、職員の増員と専門性の向上のために、そのころから児童福祉司の専門職採用を始めました。また、保護者の同意の有無にかかわらず、迅速に子どもの安全確保のための保護を行うことが重要だということで、その判断を的確に行うためには、法律の専門家の助言や判断が必要だと考えました。

一方で、保護者の同意を得ずに保護を行うということは、保護者との間に激しいやりとりが発生するので、職員に不安やためらいが生じざるを得ません。一時保護が法的に妥当であるという、バックアップする専門家の判断があることで、躊躇なく一時保護を実施できると考えました。現場の児童福祉司であるワーカーたちの自信につながればいいな、という思いもありました。

当初の目的は迅速な子どもの保護、虐待防止という観点で配置しましたが、実際には想定以上の成果がありました。児童福祉司だけでなく、センターで働く職員の「子どもの権利」に関する意識が高まったし、親権への適切な理解も深まったと思います。

以前は、児童福祉司には、保護者の同意を得ない一時保護を実施することで保護者との関係が作れず、その後の支援が展開できなくなることを懸念して、保護者との関係を重視するという発想がありました。けれども、久保さんが来てからは、保護者との関係よりも子どもの安全確保を優先するという発想、さらに保護をした後も保護の要件を満たし続けているのか、次の段階に向けて法的な手続きを続けることができるかどうか、という発想も入ってきました。

また、私や児童相談所職員が、子どもの権利を知らず知らずのうちに制限していたことにも気づかされました。一時保護中の子どもの外出や通学などの権利ですね。所長や児童相談所職員の発想だけでは解決できないものもあって、弁護士の久保さんが職員でいることによって、子どもの権利を一つひとつ保障していくことができると思っています。

一時保護に限らず、児童相談所が行うその他の行政処分を、より的確に迅速に使いこなせるよう、常勤の弁護士がいてスピーディーな判断ができたらいいというのも狙いでした。職権保護するにしても、児童福祉法28条の申し立てをするにしても法律家がいないと、どうしてももたもた考えてしまうことがあります。法律家が常時、その場にいれば、よりスピーディーに判断ができますし、そのことで職員の負担もかなり減るのではないかというのが当初の考えです。

契約弁護士でその都度聞けばいいという意見はあります。しかし、職場に職員として常勤してもらっていると、ケースの流れを現場でずっと見ていてわかっているので、ゼロから説明しなくてよく、その場での判断は速いです。法的な手続きを行うかどうかを判断するためには、それぞれのケースワーカーが正確な事実を集めなければなりません。事実の収集と認定がとても重要ですが、そんな発想はいままで乏しかったように思います。

その後の不服申し立てへの対応や28条申し立てを考えた場合にも、法的に妥当かどうかが重要になってきます。弁護士が常勤になり、どういう事実に基づいて保護をするのか、調査保護にしてもなぜ調査保護が必要なのかといった事実、エビデンスを正確に集めていくという発想をもつようになったというのは大きいです。職員が鍛えられました。予想以上に職員が学んでいます。

――東京などでは、常勤派と非常勤派で意見が分かれています。

藤林　契約弁護士という外側の立場よりは、非常勤・常勤といった一緒にチームプレーができるポジションでまずは入れたらいいと思います。非常勤よりも常勤を勧める理由は、もう一つ別にあります。常勤弁護士を入れた後の予想していなかったメリットとして、児童相談所の日常的な業務についていろいろ助言をしてくれるということがあります。ここはおかしいのではないか、こうあるべきではないかといっぱい意見を言ってくれます。弁護士が、児童相談所の古いやり方に黙っているはずがありません。所長にとってはそこを突かれると痛いなあと思っていたところをズバリ突いてくるのです。児童相談所として十分にできていなかったところをいろいろ言われるのは、つらいなという気持ちがないといえばウソになりますが、でも、常勤で入っていただいて数々指摘してもらったことは大変貴重です。

指摘されたのはたとえば、一時保護所に子どもがずっといるのはおかしいのではないか、ということです。なんの根拠で子どもがここにいなきゃいけないのか、ということも考えさせられました。今さらですが、一時保護所に子どもから意見を聞く意見箱を設置し、その意見に丁寧に応えていくことにしました。他にも一時保護所の改革を次々と進めていきましたが、それも久保さんに言われたことがきっかけです。

子どもの意見表明権を保障するとはどういうことかということも、私も含めて職員が学びました。施設や里親に措置している子どもと児童福祉司が年に1回、そこでどのようなケアを受けているか確認するのですが、その面接を「子どもの権利面接」と名付けました。これは久保さんではなく、子どもの意見表明権を学んできた職員からの提案です。

子どもの面会交流権についても改めて学んできました。子どもが親権者以外の親に会いたいとか、親族に会いたいと言ったとき、これまでだったら親権者が承諾しなければ難しいという判断をしていたのですが、久保さんからは子どもには子どもの面会交流の権利があるということを教えられました。また、特別養子縁組がいかに子どもにとって重要な機会であるかという発想なども、職員がもつようになりました。

——藤林さん自身は、常勤と非常勤、どちらに賛成ですか？

藤林　絶対に常勤です。悩む暇はありません。久保さんは最初は任期付き職員でしたが、2016年度から市の恒久的な一般職員になりました。児童福祉の経験のない弁護士に務まるのかという声もあるようですが、法的バックグラウンドがあるなら、児童福祉について学んでもらいながら十分務まると思います。弁護士の中には、弁護士資格を使って子どものために働きたいという人もいるはずです。

いま（2017年度）国内に常勤は6人ですか。福岡市、福岡県、名古屋市に2人、和歌山県、新潟市の児童相談所で採用されています。若くても、思いがあれば、常勤が務まります。研修会とか学会とかに出かけて、自己研鑽する必要はありますが、逆に言えば、自己研鑽の思いのない人は採用しません。ベーシックな弁護士としての力量があれば、児童福祉や児童虐待事例の経験がなくても大丈夫です。それをバックアップしていくような研修制度を作っていけばいいのではないでしょうか。

弁護士が職場に常にいるようになって、職員の力量が上がり、あまり親権者や保護者に振り回されなくなったということも大きいと思います。一定のお話を聞いたら、「今日はこれで終わります」と言えるようになりました。それは大きいですよ。

法律家として保護者と面接するということもよくやってもらっていました。いまは、直接久保さんが面接しなくても、他の職員がやっています。それも成長というか学びですね。いまも、ここぞという時には久保さんが出ることもありますが。

児童相談所が子どもの安全をどうやって守るのかというと、法律で守るわけで、法律を駆使できる専門職がいるのは当然の帰結だと思います。情熱と気合で守っているわけではありません。説得で守るわけでもありません。法的に守るわけですから。そこが従来の児童相談所と弁護士が入った児童相談所の違いかもしれません。

法律が子どもを守るんだという発想は、一般的にはまだピンと来ていないかもしれません。日本では虐待の問題に裁判所があまり関与していないので、その発想が定着しないのかもしれません。常勤弁護士が児童相談所に定着すれば、裁判所が関与すべきだという意見も広まってくるでしょう。現段階ではとても少数意見ですけど。

――私も20年ほど前に裁判所が児童虐待問題に深くかかわっている米国で取材をして、日本でも裁判所が関与した方がいいという記事を書いてきました。でも、なかなか進みません。なぜ日本では裁判所の関与を求める人が少ないのでしょうか。

藤林　子どもを法律で守るという発想が少ないのだと思います。里親や施設に措置された子どもが実親や親族の元に帰るのか、それとも特別養子縁組（実親との法的な親子関係を解消し、実の子と同じ親子関係を結ぶ制度）の方向に進むのかということを決めるパーマネンシー（永続的解決）プランを早く立てることを、欧米では30年前からやっています。パーマネンシー保障の観点からは、親に対しては養子縁組に同意しないのであれば、子どもに面会に来て、我々の支援を使って、家庭復帰に努力してくださいと促します。漫然と里親や施設に長期間措置するということは極力避けたいという考えがあります。

でも日本ではいまは強制力は何もありません。親が特別養子縁組に同意しないといえばどうしようもないのが現状です。「再統合に努力しなければ、特別養子縁組の判断を児童相談所が裁判所に申し立てますよ」と言えない状態では、米国や英国のように、パーマネンシー・プランニングをすることはできません。

日本では、命を守るために保護するけれど、その後の子どものパーマネンシー保障ができていない。結果、施設に入れっぱなしになっています。私は、家庭復帰の努力をいっぱいした上で、それでも実親や親族の元に復帰できない子どもたちには、特別養子縁組という選択肢を提供したいと考えています。保護した子どもの生活の場が里親家庭だからといっていいというわけではありません。18歳や20歳になれば出て行かなくてはならないのは、施設も里親も同じです。

いずれここから出て行かなければならないと感じながら生活することが、子どもの権利を守ることになるのでしょうか。もちろん、里親さんの中には、善意で成人に達したあとも家に置いていただいたり、実家のように盆正月に迎えていただいたりしている方を何人も存じあげています。とてもありがたいことです。しかし、そこには、法的な保障や安定がないのです。

家族再統合と特別養子縁組を両にらみで進めていくコンカレント（同時並行）プランニングという制度が米国や英国にはあります。日本でこれを行おうとしても、児童相談所が家庭裁判所に申し立てるという制度がないとできません。日本では行政機関が、特別養子縁組に至るプロセスに関与することは、ほぼできません。できたとしても普通養子縁組です。養育里親に「15歳になったら普通養子になる可能性もあります」と伝えることはできますが、それはコンカレントとはいえません。

しかも、普通養子縁組は契約型なので、いつ元に戻ってしまうかわからない不安定さがあります。普通養子縁組を提案すると、生みの親との関係性、法的な関係が残るので、養親候補者の方はとても不安になります。特別養子縁組のように、生みの親との法的な関係をしっかり終了させて迎えたいという養親候補者の思いは当然の気持ちです。

いまの制度は子どものためになっていないと思います。子どものための特別養子縁組として、そのチャンスを拡大するべきです。また特別養子縁組は、現状では子どもの年齢は6歳未満とされていますが、その年齢制限の引き上げや、親の同意が得られないときに児童相談所が申し立てる制度などをつくっていくのはごく当たり前のことだと思います。

いまは子どもが社会的養護に入っても入りっぱなし、在宅でも、見守りましょうという感じですよね。親が支援を拒否しても、保護するほどではないということなら、見守りのままになりがちです。また、保護したからといって解決するわけでもありません。児童相談所や市町村の支援に裁判所が関与して一定の強制力を入れていくというのが、2017年の改正児童福祉法の趣旨です。子どもの命や権利を守るために、2017年改正法も含めて法律を駆使するという視点をケースワーカーがもっともつべきであって、情熱をもって保護者を説得するということでは解決にならないと思います。

子どもに安定した関係性を提供したい

——国が進めようとしていた里親委託推進について、2017年夏に出た「新しい社会的養育ビジョン」は、委託率を3歳未満の子どもについては5年以内に75%以上、就学前の子どもについては7年以内に75%以上、学童期以降は10年以内に50%以上にするという数値目標を掲げましたが、施設関係者を中心に激烈な反対の声が出ました。

藤林　福岡市の里親委託率は2016年度末で約40%です。全国の里親委託率は平均すると、18%台です。この18%の数字を、いまの状態で75%に上げるのは、絶対に無理だと思います。実現するには、大きなパラダイムシフトが必要です。それなくしては不可能だと思います。

——でも藤林さんも参加された検討会で75%以上という目標を「新しい社会的養育ビジ

ヨン」という形で示しました。その心は？

藤林　子どもにとって必要だからです。乳幼児のころに安定した愛着形成が実現できる家庭環境を提供することは必要なことです。子どもは5年も10年も20年も待っていられません。いま目の前にゼロ歳とか3歳の子どもがいて、「あなたに養育里親家庭を提供できるのは15年後だから、15年間待っていてね」とだれが言えるんですか。愛着形成の重要な時期を逃してしまいます。その子どもにとって必要なのは、今なんです。

子どもの最善の利益を考えると、今年中にでも100％にしたいぐらいです。子どもの成長を考えれば、もっとスピーディーに養育里親を提供したいと思います。でも、すぐには無理だからもう少し待って、5年以内に3歳未満で75％以上となったんです。

児童福祉法は家庭での養育を優先することを理念に掲げ、厚生労働省の局長通知にも「就学前の乳幼児期は、愛着関係の基礎を作る期間であり、児童が安心できる、温かく安定した家庭で養育されることが重要であるから、養子縁組や里親・ファミリーホームへの委託を原則とする」と書いてあります。

2018年1月に厚生労働省から出された改訂児童相談所運営指針には、「施設入所中の子どもについては、個々の状況に応じて、里親委託や養子縁組を検討するなど家庭養護への移行に向けた最大限の努力を行うこと。特に、乳幼児は、安定した家族の関係の中で愛着関係の基礎を作る時期であることから、数カ月以内には家庭養護へ移行できるよう検討すること」と書かれています。この運営指針通りに全国の児童相談所が一斉に動き始めたら、数値目標に関係なく75％になります。

法律に書いてある通りに実行するのは、公務員として当たり前のことだと思います。しかし、当たり前のことをやりましょうと言うだけでは、実行しないところも出てくるかもしれない。そこで、もっと大きなインパクトをということで、75％ぐらいを目標にしましょうと、具体的な数字がビジョンでは掲げられたのです。「原則」という言葉の響きから75％は甘い数字ではありますが。

――里親を増やすための課題はどこにありますか？

藤林　我々（福岡市）とほかのところの課題は少し違うと思いますが、一般的な児童相談所の課題は、里親業務に特化したフォスタリングチーム、職員集団が必要です。質の高いソーシャルワークができる、キャリアを長く積んだ人材が不可欠です。フォスタリングチームなしでは、里親推進はできません。

福岡市の児童相談所には里親係の職員が6人います。常勤3人、非常勤3人。ほかの児童相談所は平均してだいたい1・5人（非常勤と常勤合わせて）です。これでは里親は増えません。うちが6人になったのは5年前からですが、里親業務を担当する職員がいるからこそ、ケースワーカーも里親委託という発想に変わります。里親業務を専任する係が里親のサポートをするので、個々のケースワーカーは子どもや実親のことだけを考えればいいのです。里親のフォローやサポートは里親係が専念します。そこが十分できていないとケースワーカーは里親のことまで対応しなければならないのですから、大変です。

まずは里親業務、フォスタリング業務を強化して、マンパワーをつける。そうすれば、ケースワーカーにとっては里親委託の負担が減りますし、里親委託する方が子どもの成長発達にとっても有益であるという実感をもつことができます。それが福岡市の発展プロセスですね。特に乳幼児は里親委託されると全然違います。その成長・発達はめざましいものです。ビジョンで言っているのは、まずは乳幼児ですから、まさに子どもの発達に最も影響がある時期に、里親委託を推進したいですね。

そして、里親も長期委託は極力少なくしたいと考えています。できるだけ、家族、親族、養親（養子縁組により親となった者）に移行していくのがいいと思っています。子どもが永続的な関係をもてるようにしたいのです。特別養子縁組、つまり離縁できない関係になった方がたとえ子どもがどんな問題を起こそうが一生懸命ケアしていただけます。里親はどうしても「児童相談所に帰せる」という発想があるので、子どもにとっての永続的な関係になりにくいと言えます。

福岡市では、従来は1年間に20人前後の里親さんが新たに登録し、3分の2ぐらいが特別養子縁組希望でした。養育里親さんのなり手が少ないという課題がありました。子どもを短期間預かってもらえる養育里親さんをもっとリクルートしてくることが、ここ何年間かの我々の課題でした。そこを、いま「キーアセット」という民間のフォスタリング機関に包括的な業務委託をしています。その結果、確実に養育里親登録が増えました。

やっぱりプロですね。行政機関では考えないリクルート手法があり、その後のトレーニング、アセスメント手法も民間ならではの良さがあります。

里親委託率を上げるだけでなく、質の高い里親養育を子どもに提供するためには、アセスメントをきちんとして、委託後の支援をきめ細やかに行う必要があります。そのためには、フォスタリング機関に十分なコストとマンパワーをかける必要があります。ここが先ほどお話しした、パラダイムシフトです。

民間の力も借りてマンパワーを上げる

――福岡市の児童相談所は職員が68人、嘱託が55人（2017年度）います。何を大切にされていますか。

藤林　大切なのは、人材育成ですね。児童福祉の分野でやりがいを感じるソーシャルワーカーに児童相談所の現場に来てほしい。そのためにも福祉職採用は絶対必要です。行政事務職の公務員の中にはこの分野に関心をもってやってみようという人もいるので、それを否定するものではありません。行政事務職で法学部や経済学部を出た人でも、児童相談所で働きたいと思って来て、経験を積み、研修を受けて、社会福祉士の国家資格をとってやっていく人がいてもいい。採用区分が行政事務職であっても、仕事をする上での専門職意識、プロ意識は不可欠です。そういう意味で、福祉職採用はベースラインができているので確実です。ただ、福祉職としてのプロ意識は公務員になった後も持ち続けてほしいですし、持ち続けることができるような職場風土も大事ですね。

いまうちの専門職・福祉職はちょうどいい割合でしょうか。児童福祉司には、社会福祉士以外の人は保健師、保育士、心理職などがいて、全く資格を持っていない人は2割ぐらい、8割は何らかの専門職です。ソーシャルワーカーとしてキャリアを積んでほしいので、本庁に行くとか、ほかの福祉現場に行くとか児童相談所以外のキャリアも、今後必要だと思います。

——虐待ケースはどういう態勢で対応していますか。

藤林 虐待通告があって初期の調査は、こども緊急支援課が担当します。調査と保護は一つの機能としてまとまったものですから、こども緊急支援課が対応します。調査から保護、その後の介入的なケースワークの結果、長期間継続的に児童相談所が支援していく場合は、子ども家庭支援を担うこども支援課で担当します。家庭支援のケースワークは区がやっている子ども家庭支援と連動しています。

こども支援課には、地区割りのケースワーカー以外に、里親業務をしている里親係、施設からの措置や措置解除を担う家庭移行支援係があります。社会的養護に入れっぱなしにして、その後十分なケースワークができなかったという反省から、2015年に家庭移行を支援する係を作りました。

虐待は早く対応していかなくてはいけません。非行や養護などは長い目で見ていかなくてはいけません。その二つを同じセクションで対応するのは無理です。ですから、虐待通告に初期に対応するこども緊急支援課と、長く子ども家庭支援を行っていくこども支援課に分けています。

職員は大量増加ではないですが、少しずつ増えています。2017年度は、児童福祉司は人口4万7千人に1人の割合です。ただ、児童相談所だけ職員を増やすのではなく、もっと身近で子ども家庭支援を行っている市区町村の職員も質・量ともに増やす必要があると思います。また、行政だけでなく、児童家庭支援センターも、これから地域の子ども家庭支援の重要な拠点になることが期待されていますから、ここも人材を増やさないといけない。いまの時代、児童相談所だけ人員を増やすのは時代遅れかなと思います。

児童家庭支援センターは全国に120カ所ありますが、福岡市の児童家庭支援センターはよく相談を受けていただいています。児童相談所が相談を受け付けていない夜間や土日・祝日に開設しているので、ひとり親家庭のお母さんやお父さんが相談に来ています。児童相談所と児童家庭支援センターは福岡市では補完しあっています。

平日昼間に児童相談所に通所できなければ、「児童家庭支援センターに行かれませんか」とお勧めしています。児童家庭支援センターは、平日は午後5時から8時まで、土日・祝日は午前10時から午後5時まで開いています。

そのおかげで、土日はうちの職員が出てこなくていいようになっています。児童家庭支援センターがあるので、土日はそちらに頼めばいいということです。また、福岡市では泣き声通告後の確認もＮＰＯに委託しています。

児童相談所の職員はスーパーマンでもなんでもありません。長く勤務してもらうためにはそれなりの労働環境を整えなければなりません。そういう職場でないとみんな残りません。職場から出たがる人ばかりだと、士気も下がるし、キャリアも積まれていきません。「この職場で長く仕事を続けていきたい」とみんなが思ってくれるような、そんな職場を私は目指してきました。

常勤弁護士の配置やＮＰＯへの委託などの改革をした結果、児童相談所では燃え尽きる職員が減りました。かつては毎年、異動のときはニコニコ顔で転出していく人が多かったのですが、いまは涙ぐみながら「もっと残りたかった」と言って転出していく人も出てきました。全然違います。こういう組織風土にならないと、子どもを守ったり、子どもの権利を保障したりという、難しいソーシャルワークはできません。

――ほかのメリットもあったそうですね。

藤林　アウトソーシングすることで、公務員を増員するよりも、人件費のコストを抑制するという考え方もあります。

でも、安くすむというメリットではなく、民間ならではの良さやメリットがあるのです。たとえば、泣き声通告後の確認をＮＰＯに委託していますが、訪問された人の受け取り方が違うというメリットがありました。「児童相談所から来ました」というのと、「福岡市から委託された見守り訪問で来ました」というのでは、親御さんの受け止め方が違います。いわゆる「泣き声通告」の家庭は、虐待の家庭というよりは、だいたいは泣き声で困っている家庭です。福岡市が委託したＮＰＯは一人ひとりを助けに来ましたというアプローチができるので、支援につなげていくことができます。

職員が疲弊していたら、疲弊した親を救えるはずがありません。職員の疲弊を何とかしようという発想で見守り訪問をＮＰＯに託したり、夜間や休日の相談を児童家庭支援センターにお願いしたりしてきたわけですが、その結果、予想した以上の成果がありました。見守り訪問が支援につながり、夜間休日の相談機関を置くことによって、多くの方々がアクセスしやすくなりました。発想は受け身的でしたが、成果は予測を超える大きなものがありました。

――次の課題は何でしょうか？

藤林　在宅支援やコミュニティーケアを充実させたいと考えています。現状は在宅家庭への支援はまだまだ不十分です。区のソーシャルワーカーをもっと充実させる必要がありますが、充実したからと言ってワーカーがしょっちゅう家庭訪問に行けるわけではありません。家庭が利用できる社会資源を増やしていく必要があります。

たとえば、家事支援、育児支援で家庭を訪問する人々、子どもに直接会いにいってくれる若者、子どもにとっての居場所になる場所、インフォーマルな人間関係など、そんなものを増やしていきたいです。

児童相談所も区もソーシャルワーカーの専門性を上げていく一方で、豊かなコミュニティーケアも重要です。つまりフォーマルなケアとともにインフォーマルなケア力を上げていくことが必要だと思います。それは虐待や親子分離の予防にもなるし、施設入所や里親委託が長期にならずに短期で家庭復帰ができるようにもなります。難しい子どもをケアしている里親や養親に対しては、コミュニティーケアがサポートすることもできます。

――中核市や特別区で新しく児童相談所を設置しようというところがあります。

藤林　子どもの最善の利益や子どもの権利保障をベースにして、子どもや家庭のニーズにどのようにして対応していくか、そのためにはなにが必要なのかという視点で考えてほしいと思います。サービスの供給側、サプライ側の都合で児童相談所を作るのではない、ということを意識してほしいですね。子どもの最善の利益や子どもの権利保障という我々の仕事の原点を忘れてしまったら、作ったものは全然別のものになってしまいます。

あくまでも子どもの利益をベースに置いたものを作っていってほしいです。そうすると、たとえば一時保護所のあり方も変わっていくし、社会的養護のあり方も変わっていきます。視点をどこに置くのかということを常に自己に問いたいですね。自分たちの仕事が忙しく、より大変にならないようにしていないかどうか。そうした結果、子どもにしわ寄せが行くようになってはダメです。

子どもが住み慣れた地域社会、家庭で暮らせるということが大事だと考えたとき、何を大切にしないといけないのか。里親委託率が増えることが目標ではありません。それは2番目の選択肢です。

里親委託先に行ったとしても、なんとかもとの住み慣れた家庭や地域社会で暮らせることが第一の目標です。とうてい帰れない子どもには特別養子縁組という永続的な家庭を保障したいと考えています。保護分離して措置して終わりではないのです。

児童相談所として子どものパーマネンシー、子どもの家庭養育原則をどう保障していくのか。子どもの意見表明権をきちんと保障し、子どもの意見をきちんと聞く。子どもの権利が中心なんだ。そんなことも、久保さんと共に働くことによって根付いていったことです。

2　福岡市こども総合相談センター　虐待対応ワーカー座談会

こども緊急支援課
ワーカーAさん
ワーカーBさん
ワーカーCさん
ワーカーDさん
課長・久保健二さん（1968年生まれ。2011年から常勤弁護士として勤務）

一時保護は最終手段。万能薬ではない

――虐待通告があってからの流れなどを教えてください。48時間以内に子どもの安全を確認していますよね？

久保（敬称略）　夜間、休日はＮＰＯに見守り訪問を委託しているので、職員が行くことはあまりありません。ＮＰＯは電話があって多くの場合、２時間から３時間以内に確認に行っています。昼間の通告でも、いまは泣いてないけど夜に泣いていますというものは、ＮＰＯに行ってもらっています。

Ａ　通告があれば、これは我々が行って一時保護してきた方がいいかそれとも関係機関で確認した方がいいのかを話し合い、至急行った方がいいとなれば、子ども班、親班に分かれて、我々が行きます。子ども班は子どもを保護してきて、親班は保護したことを親に伝えるということになります。

こども緊急支援課にはケースワーカーが７人、嘱託が１人います。担当は各区に分かれています。嘱託職員は「泣き声通告」に特化しています。

――一時保護が１日に何件も重なるということはありますか。

Ａ　朝行って、昼行ってということはあります。センターに戻らずに、そのまま出先を回るということもありました。もともとの体制としては、ケースワーカーを３人と４人の班に分けて、各班に１人ずつスーパーバイザーがついて対応しています。

久保　職員が夜間や休日に一時保護することはほとんどないです。夜間や休日は警察が子どもを連れて来て一時保護するということが多いです。たまに子どもが逃げてきて、一時保護所に入るということもあります。

――一時保護後の親対応はどうしていますか。

A　酔っ払って騒ぐ親もいますが、この前は「話にならないので、お帰りください」と言って帰ってもらいました。父母が酒くさかったのでそう言いました。

2件続けて、センターから出て行くようにという退去命令を出したこともありますね。「子どもを返して」とセンターに来て居座る保護者がいたからです。

久保　通常、退去命令は年に1件あるかどうかですかね。センターの建物を管理している課長が退去命令を出します。閉庁時間になっても退去しない当事者に対しては「もう時間になりました。帰ってください」と。それでも退去しなければ「警察を呼びます」と言うと、多くの場合は帰っていきます。

「子どもを勝手にとられた」と言って、保護者が受付のボールペンをとって自分の手のひらに突き刺したケースがあります。私たちが取り押さえて警察を呼びました。

――緊急保護の難しさはどんなところにありますか？

久保　放任虐待であるネグレクトのケースで、どこで介入するのかという判断の難しさはあります。地域からは早く保護してくれと言われて困ることはあります。子どもの安全、生命にかかわることになれば保護ですが、ネグレクトの評価は人によって差があります。地域の人はこんな親では子どもを養育できない、と言ってくることが少なくありません。

――ゴミ屋敷に暮らしているケースもありますよね。

C たとえば小学生と幼児のきょうだいだけで家にいて一時保護したケースがあります。子どもの面倒をみていないらしいという情報が入って、話を聞こうと訪問したら、子どもしかいませんでした。

家は散らかっていました。玄関に物が密集して置かれ、台所も散らかり放題。犬も飼っていて、足の踏み場もありませんでした。子どもたちはパンツにTシャツを着ているだけで、下の子は言葉を発しませんでした。一時保護所で預かってから言葉を話すようになりました。

子どもたちは、初対面の私たちに警戒心ゼロで近寄ってきて、抱きついてきた。特定の大人との愛着関係ができていないということですよね。かなり汚れていて、臭いもひどかったです。

お母さんはどこにいるかはわからない状況でした。上の子が学校に行っているときは、下の子は留守番していて、小学生が下の子にミルクをあげたり、おむつを替えたりしていたようです。

B　足をやけどした幼児を両親が夜間救急に連れてきたという連絡が、朝になって病院からきたことがあります。

すでに子どもは帰宅しているとのことだったので、警察に援助要請をして同行してもらって、6〜7人で自宅に行きました。いるかどうかもわからないけれど、立ち入り調査するしか、子どもの安全確認ができないので、実施しました。

最初は同居の男性がすごんでずいぶん声をあげていましたが、警察が来ていると言ったら、静かになりました。「虐待などしていない」と男性は言いましたが、やけどの状況から虐待の疑いが強く、調査も含めて一時保護しました。

――判断に迷うことはありませんか。

久保　身体的虐待ではけがの度合いにもよりますが、子どもの年齢が低ければリスクが高くなります。乳児の骨折や頭蓋内出血は一時保護をすることが多いです。小学生に比較的軽微なあざがあった事案では、学校に保護者に対して注意を促すなどの対応をお願いすることもあります。

——顔のあざはどうしますか。

B　そこはいつも区との話し合いになります。程度や原因、年齢、その子の日々の生活、サポートがあるかなど総合的に判断するところです。学校や保育園では顔にけがをしていると「危険だ。保護してほしい」という話になりますが、私自身は、顔のけがイコール保護ではないと思っています。

D　保護するかどうかの判断は我々がしますが、区は危険じゃないかと心配しています。

A　児童相談所が保護をしないと、区はもやもや感があるようです。なんで保護しないのかと。「このままでいいのか」「もし何かあったらどうするのか」とか言ってきます。リスク要因がどんどん膨らんでいくんですよね。

D　保護しない場合は、区に介入していってもらって、次善策をとってもらえるように頼みます。ケースはオール・オア・ナッシングではありません。保護しないなら、何もしないということではありません。だから、現場でゼロか百かというとらえ方をされるのは困ります。一時保護しなければ何もないという発想ではなく、保護は必要ないけれど、介入はしていくという心構えが必要です。

B　一時保護は最終手段で、万能ではありません。保護しても地域に戻っていくわけですから、どういうふうに家族を支えるのか、どういう態勢で見守るかが大切です。ですが、その間の部分が落ちやすくなっていると思います。

課題が多い警察や区との連携

——他機関との連携はどうですか。

久保　警察との連携が微妙なことがあります。警察と連携するように言われますが、両者はそれぞれ目的が違います。警察は犯人検挙、児童相談所は子どもの福祉です。警察としては犯人を検挙した方が子どもを守れるという認識なんでしょうけど。こちらから情報はいくけど、警察からは情報をいただけないことも以前は結構ありました。全国的には警察官を児童相談所職員に入れたら情報共有がよくなったというところがありますが、そんなことをしなくても情報は共有すべきだと思います。

B　虐待として通告されてくる面前ＤＶで問題になることがあります。

久保　まだ子どもが面前にいるならわかりますが、以前、子どもが施設で生活している夫婦の間でケンカがあったときに、子どもが帰ってきたら面前ＤＶで虐待の恐れがあるという通告がありました。

面前DVはどんどん来るけれど、しつけで親がたたいたという場合に通告が来ないことがありました。しつけの範疇《はんちゅう》として、虐待は認められなかったという判断をすることがあるようです。

また、警察が子どもを連れて来たケースですが、小学生が徘徊して家に帰りたくないと、児童相談所に身柄を伴う通告がありました。それが、その家にいるきょうだいも危ないからと自宅からいっしょに連れて来てしまったんです。夜間のことなので、連れて来られた子どもは全員保護せざるを得ませんでした。

連れて来られた子どもが、翌朝になると「帰りたい」ということも少なくありません。

――昔は警察の協力がなくて大変でした。いまは警察が協力してくれて助かっている面もある一方で、課題も見えてきました。

久保　警察と連携することで虐待防止に資することがあるのは確かです。ただ、最近多いのは、性的虐待でのかかわりで、児童相談所としては協同面接をしていきましょうという考え方が浸透していますが、警察はいままで通りまず被害者に事情聴取をして、加害者をつかまえたいのだと思います。

A　子どもが万引きして、たまりかねて親がたたいたり殴ったりというケースがありました。我々は、それでもたたくのはよくないとなるのですが、警察はそういうことがあるならたたかれても仕方ないですね、という傾向があります。そうすると親が強気で出てくることもあります。

――区や病院、学校などとの連携はどうですか？

Ａ　区が思っていることと、私たちが思っていることとはかなりの違いがあると思います。区は児童相談所にもっといろいろ介入してほしい、一緒にやってほしいみたいな感じはあります。私たちとしては、区がもっと支援できるんじゃないか、もうちょっと入り込んでやれるのではないかと思っているケースでも、「拒否されている。どうすればいいのか」と言ってくることがあり、よく聞くと、電話に出なかっただけということもあります。その後、児童相談所の職員が自宅に何回か行くと会えたこともあります。

もしかすると、自信のなさがあるかなと感じています。うちは専門性のある人がいて、みんなで話し合う土壌があります。でも、区だと、いろんな業務もあってそんなに詳しい人たちはいない。それなのに周りから「そんなんで大丈夫なの？　心配でしょ」と言われて不安になっているんじゃないかと思います。以前よりはだいぶ不安の連鎖はなくなったと思っていますが。

D　うちの平均在職期間が3・3年。他の福祉職などの前歴があっての3年です。5年とかの年数を経ないと見えないところは感覚的にあります。区では5年同じポストにいるというのは難しいかもしれません。経験やノウハウの蓄積がなくて、人が替わったらリセットになっています。児童相談所は専門的助言はしますが、区の中でそれを聞ける人があまりいないのかもしれません。

B　支援がもう少しできていれば保護しないでいいお子さんもいます。

A　区がもっと力をつけて社会資源を作り出してほしいと思っています。

D　うちのセンター（児童相談所）もいまでこそうまく回っていますが、数年前までは回っていませんでした。職員が疲弊し、チームワークもなく、燃え尽きていく職員が多かったですよ。

なぜそれが変わったかというと、通常の人事異動で素人が来ていたのを、福祉職採用を始めて、対人援助職を旨とする資格を持っている人が入ってきたからです。2012年から変わってきたと感じます。新卒の福祉職を採り始めたのが09年、社会人の福祉職が12年から採用されて、毎年3人ずつ増えました。

いまは社会福祉士の資格をもつ職員が3分の2を占めます。そうなると、ピアサポートというか、ヨコのつながりができ、話ができます。それで、いまの雰囲気になっています。区の担当も対人援助を専門とする人を置かないといけないと思います。仕事としては、通告も受ける、社会資源も使うわけで、社会人の福祉職を採るとか、児童相談所経験者を置くとか、スーパーバイザーを置くとかが必要です。ずっとは無理でも5年ぐらいをめどに置くべきでしょう。

法的根拠をもって対応できる安心感

――弁護士が常勤で児童相談所にいるというメリットはどんなところにありますか？

D　いまはいないということは考えられません。うちは2011年から、もう7年いますから。それ以前は契約の弁護士が月2回、2時間来て、我々は準備していた法律相談をして回答をもらっていました。常に弁護士と連絡をとっているという感じではありませんでした。

児童相談所は法律を駆使して子どもを保護する、親に対応することが多いので、前はこれでいいのかという迷いがありました。前のこども緊急支援課長が法的な確信がないことが職員を疲弊させていると考えたんですね。自信なく保護をしたり、親の同意なく施設に入れる「28条入所」ができるかどうかの判断ができずに子どもを帰してしまったり……。法律があっても法律を駆使できていませんでした。

弁護士が常勤になり、そのあたりが法的確信をもって保護者に対応することができるようになりました。保護者がこう言っているけれど従わなければいけないのか、これはできるのか、できないのか、常に横にいるので、話ができます。我々も確信をもって判断ができるから自信をもって仕事ができます。

特に緊急支援はそういう面は大きいですね。となりの課も非行とか、家裁送致とか、子どもの身柄をどうするかとか、少年法がかかわってくるので、常に聞きに来ている。センターとしては久保課長がいなければ心細くなります。

久保　私は法的な判断だけでなく、ソーシャルワークに関しても助言します。いまは、現場監督みたいなものです。

D　当所に視察などに来られた方は、常駐といっても机に座って、弁護士として法律相談を受けているだけというイメージをもっていたようですが、それは違います。久保課長も来た当初は、児童福祉のことはわからなかったから、いろいろ勉強されていました。ふつうの弁護士さんプラス児童福祉やソーシャルワークを勉強し、特にいまは課長職なので、保護後の見通し、保護者対応などもされています。そうしたことも含めての常勤弁護士でなければ意味はないと思います。法律相談するだけの弁護士ならば、そう役に立ちません。28条ではどれだけ助けられたかわかりません。

B　一時保護でも、施設入所でも、安全のために親に知らせずに保護してその後どうするのか。一つひとつの法的な根拠に基づいて最終的に判断するのですが、私たちはその法的な根拠をわかっているようでわかっていないことが多く、一つひとつの根拠をどう明確に示していくのかということを日々判断してもらえるので、ありがたいです。一時保護したり、自宅に帰したりという一つひとつの判断や、28条でいけるのかどうかも日常的な判断ですから。

A　たとえば、親に居場所を教えないというのは、これでいいのかと、これまでは少し思っていました。でも、常勤弁護士がいれば、その場でそれで本当にいいのか、と聞けます。

B　保護者への説明はこれでいいのかということもですね。

A　法律的に変なことになっていないかとかも聞きます。細かい一つひとつのことですが、久保課長がいることで、私たちが安心感をもつことができています。

B　それは非常勤ではできません。

A　騒いでいる親御さんに「お帰りください」「落ち着いてから来てください」「落ち着いていないと会わせられません」と自信をもって言えるのも、後ろに久保課長がいるからですね。

――名古屋では、親対応に常勤の弁護士が出ていくと聞きました。

久保　いまはみな力をつけたので、そんな必要はなくなりましたが、私が来た当初は親対応をしていました。弁護士として保護者に対応して、説明役をしていました。3年ぐらいはしていたでしょうか。

B　弁護士として入ってもらうと、てきめんの効果があります。「法律的にはそうなっているのか」というのが親の反応です。

A　大変な親がいるときは出てきてもらっていました。

D　当初は、職権保護するときや立ち入り調査をするときに「法律○条に基づいて」ということを前に出て言ってもらっていました。

A　最近は、課長が出て来る前に終わらせようと思っています。

B　ワーカーで片が付かないものはお願いするということもありますけど。

――一番大切にしていることは何ですか？

D　子どもの命、子どもの安全が何よりも優先します。
C　子どもにとって何が一番大事なのか。子どもの利益を最大限に守ること。それを忘れないようにしています。
A　ここのみんなの関係性です。だれかが大変になっていたら、連絡を徹底して、情報を共有することだと思います。それが徹底できているときは、安心かなと思います。どこかでだれかが相談できずに抱え込んでいるときが、心配です。区も、もう少し頑張ってほしいという思いはありますが、いろいろと相談してきてくれるのは安心です。
B　風通しはいいですね。
D　4~5年前は結構大変でした。モチベーションが上がりませんでした。この仕事は結構きつい。こっちに理があっても攻撃されれば弱ってしまいます。モチベーションの上がらない人が半分いれば、課の士気は上がりません。どんなにきつい仕事でもチームワークで支え合うインフォーマルな雰囲気が大切だと思います。
——みなさんが疲弊したら、いいソーシャルワークはできないですよね。
A　自分たちが元気じゃないといい判断はできません。消極的になりがちです。自分の気持ちやメンタルをどれだけ保てるのか、どれだけきちんと発散できているか、ということは大切です。自分が元気じゃないと、いい仕事はできません。

D 集団がある程度いい雰囲気で仕事に前向きに対応する状態になっていると、新たにひとり入ってきてもその人をその集団に染めることができます。集団のモチベーションを維持しながら人事異動していくことが大切だと思います。

3 高知県知事 尾﨑正直さん

（1967年生まれ。財務官僚を経て2007年12月から現職）

2008年の事件で明らかになった三つの問題

――高知県は都道府県のなかで児童福祉司（ワーカー）の人口比配置数が2010年から全国1位です。尾﨑さんが知事になられてから、児童福祉司をどんどん増やしています。そのきっかけは何だったのでしょうか。

尾﨑（敬称略） 2008年2月4日。私が知事に就任して2カ月ぐらいのときでしたが、高知県内で小学生の男児の虐待死事案がありました。母親の内縁の夫に暴力を振るわれて亡くなるという本当にかわいそうな事例でした。私どもとしてその事案の検証を行うことで、大きく三つの問題が見えてきました。

一つ目は、残念ながら、虐待対応する一つひとつの体制が弱いこと。特に、児童相談所はみんな忙しく働いていますが、体制として弱いがゆえに、トータルとして力を発揮しきれていないのではないかと考えました。二つ目は、関係機関のネットワークが十分でなかったこと。そして、三つ目が、虐待対応のルールが必ずしも明確ではなかったのではないかという問題です。たとえば、一時保護をするかしないかについての厳しい判断が、現場任せになっているのではないかということが見えてきました。

これはかなり構造的な問題だと考え、第三者からなる検証委員会を設けて、これらの課題について検証していただきましたが、結果も、だいたい同じようなご意見をいただきました。

――知事は検証委員会の報告が出る前から、ご自身で三つの問題点を感じていたのですか。

尾﨑　そうです。あの事案が個別の不幸な案件だったのか、それとも体制の問題なのかということを見たときに、やっぱり体制の問題だと考えました。体制の問題だとすれば、現場の職員の一人ひとりにミスがあったわけではなく、また、この事案が例外的に不幸な案件だったわけでもなく、今後も起こり得るという話にもなってくるわけです。だから、そこは体制の問題として捉えて検証する必要があるだろうと考えました。その中で、3番目の虐待対応のルール化については、人命優先、一時保護を最優先すると決めておけば、現場もそのルールに従ってやるわけですから、安心して取り組むことができます。

2番目の関係機関のネットワーク化について、あのときの事案をひと言で言うと、学校の教員は気づいていました。校長まで情報は伝わったけれど、そこから先につながらなかった。あのときはいろんな方に怒られました。民生委員・児童委員さんにも「私たちに教えてくれていれば、フォローしたのに」と。しかし、残念ながら、それができなかった。だから、ネットワークを構築することに、特に力を入れて取り組んでいます。

これらの問題点を解決するために、やはり児童相談所の人数をまずは増やさなければならず、専門性をさらに上げないといけないだろうと考えました。

——具体的にはどうされたのですか。

尾﨑 まず暫定的に人数を増やしました。また、職員を大阪府の児童相談所に研修へ出したり、専門家から職員にアドバイスをいただけるような体制をつくりました。このような取り組みを行いながら、本格的に人数も順次増やし強化していきました。小学生の男児の虐待死事案以降、虐待通告が増加しました。児童相談所はものすごく忙しく、かつ心理的プレッシャーも大きい。そこを鑑みて、毎年体制を強化していこうと決めました。

――2008年度から専門職採用を始めましたね。毎年4～5人を採用されてきています。

尾崎　そうですね。一般職の職員だけで対応するには限界があります。一般職の職員は人事異動によって3～4年で交代しますので、やはり専門の職員を養成する必要があります。当時は専門職が少なかった。人数が少ないだけじゃなく、「経験年数×人数」の延べ経験年数ものすごく少なかった。これではいけないと考え、専門的に対応していくために、専門職の採用を始めました。

――高知のようには児童福祉司の増強をしていない自治体も少なくありません。尾崎さんの背中を押したものはなんでしょうか?

尾崎　2008年の案件自体が、非常に悲しい案件だったということもあります。児童虐待事案として児童相談所や小学校などの関係機関がかかわり、家庭訪問や学校での見守り、児童相談所への通所などの対応をしつつ、協議なども行ってきたけれど、結果として子どもの命を救えなかった事案でした。
この事件の約1年前には、亡くなった少年と弟の2人について小学校から児童相談所に虐待通告があり、児童相談所は弟について一時保護を行い児童養護施設に入所させるとともに、少年については、在宅のまま継続的に対応してきたものの、最悪の結末を迎えた事案でした。

――少年が亡くなられたときに、知事が涙ながらに会見したと、聞きました。

尾﨑　本当は、政治家は泣いたらいけないんですけど、あのときは悲しかったですね。あの子は本当にかわいそうだと。

――ほかにも改革を進める要因はあったのでしょうか。

尾﨑　もう一つ言いますと、県内の子どもを取り巻く環境がかなり厳しいと強く実感していたことがあります。というのは、2007年に小中学校を対象とした全国学力テストがありました。あのときの結果は衝撃的でした。小学校は全国40位前後。中学校は46位でしたが、これが、45位から大きく引き離された46位でした。
さらに2008年には、小中学校を対象とした全国体力・運動能力テストがありました。それまでは、勉強ができなくたって元気だったらいいじゃないか、なんて意見もあったんですが、この年のテストでは、ほぼ全国最下位でした。だから、体力も駄目。しかも、高知県ではいじめとか不登校とかの問題も目立ちました。いじめは全国平均でしたが、不登校や暴力行為、それから刑法犯に占める少年の割合などは全国で最悪でした。ひと言で言いますと、知・徳・体、すべてにおいて課題がありました。ということは、やはり何か共通要因となる課題があるのではないかと考えたのです。子どもたちを取り巻く環境が厳しいということが想像できました。だから、これは相当本格的に取り組まないといけないと考えました。

大きな背景として、経済的に厳しいという問題もあるでしょう。そこで、産業振興計画を立て、経済の活性化について一生懸命取り組んできました。それはそれで対応しつつも、併せて子どもの問題にも対応していかないといけない。教育全般について力を入れていくとともに、緊急対策として児童相談所問題には力を入れないといけないと思ったところが、非常に大きいです。

——児童相談所でお世話になるような子どもは、親も厳しい状況にあったり、問題のある親だったりで、一般的には子どもの代弁者がいません。はっきり言って、政治家にとって票にならない。これは私見ですが、社会的養護の子どもたちに対しては政治家の方々はこれまでは割と冷たくて、高齢者などと比べて、対策が後回しになってきたように思います。保育所や教育は、親がいますので票につながるので、動いてくださるところもありましたけど。尾﨑さんは、なぜその厳しい状況の子どもたちに目が向いたのでしょうか。

尾﨑　私も高知生まれの高知育ちですから、厳しい環境にある子どもたちの家庭状況は、想像できるところもあります。また、教育についての全国テストの結果は、本当に衝撃が大きかった。それに加えて、2008年の児童虐待死の事案は、非常にインパクトが大きかったと思います。票になる、ならないは関係なく、高知県として大きな課題であったことは間違いありません。

厳しい環境にある子どもたち全般の対策強化をしていかなければならないと感じました。特にその中でも緊急対応しないといけないのは、児童相談所強化の取り組みだと思ったのは間違いありません。子どもたちが虐待死することはないようにしたいと強く感じました。

しかし、残念ながら、その後も死亡事案が2件発生してしまいました。一つは、児童相談所が2回関与していたお子さんが亡くなった事案です。児童相談所の体制は強化してきましたが、取り組みについてさらに見直していくべきところがあるだろうと考えました。

手順、手続き、ケースの共有の仕方、それから、最終的に誰が責任を取るのか、そういう問題について、できる限り現場がフレキシブルに動けるようにしないといけない、と考えました。その分、上のほうがしっかり責任を取る体制を敷いて、強化していく必要があるだろうと。そういう状況であれば、上まで情報も全部共有されることにもなってくるだろうと考えました。現在、虐待の重大事案はすべて、私に個別ケースでも報告してもらうようにしています。

――知事のところにはどれくらいの件数が上がってくるのでしょうか。

尾﨑　一番重大な事案ですからね。２０１６年は2件あったと思います。同じ事案で何回か報告を受けました。たとえば母親が警察に捕まっているが、釈放される。そのときに引き離しますかとか。プライバシーの問題もありますが、そんなことも上がってきます。私自身は専門家ではありませんので、職員の意見を採用する場合が多いことも事実です。でも、知事まで上がってきて保護が決まったということであれば、現場も躊躇せずに安心して対応できます。

やはり現場で逡巡すると思うんですよ。たとえば、これをやったときに親ともめて、あとになってお前の責任だと言われたら、大変だろうと思います。結局、結果としてより容易な方に、責任を取らなくていい方に動いていったとしたら、大変なことになります。最善だと思う対応ができるようにしていくためにも、上が責任を取るというのは必要なことです。最善のことをすると、むしろ軋轢《あつれき》を生む可能性もあります。その軋轢部分の負担は上が取る。そうしていくことが大事だろうと、当時思いました。なぜなら手続きを検証していくと、現場の迷いが見て取れるところがありましたから。

もう一つは、上が責任を取ることで、上まで全部、情報が共有される。幸い、今は専門の職員を雇っているので、上になるほど比較的経験が豊かであるという状況になってきています。現場の若い職員だけじゃなくて、上に情報が上がっていけば、アドバイスもできます。そういう点からも、このやり方は有用だと思いました。その究極の姿が、この部屋、知事室に来ることです。

——検証報告も、知事自ら熟読しているのでしょうか。

尾﨑　そうです。虐待の事案は、できるだけ悪い話を上げてくれといつも言っています。これぐらい嫌なことはないですし、虐待死が出たなんて、一番悲惨な話です。だから、そこは検証します。事態が急展開して大変だなという事案もあります。しかし、急性期化するかもしれないとこの段階で把握していれば対応できたかも、ということもあります。難しいですが、できる限り、そこの問題の解決確率が高くなるように対応したいと考えています。

加えて、厳しい環境に子どもたちが置かれているということについて、もう一段、根本的な対策を講ずる必要があるだろうとも考えました。児童相談所の手順をいろいろ見直し、強化を図るとともに、先ほど申し上げた教育面においても、教育の充実を図っていこうという取り組みです。緊急的な対応のみならず、より骨太な形で、教育改革をしていくことが大事だろうなと思うようになりました。

妊娠期から子育て期まで切れ目のない支援

――県の計画の中で、厳しい環境にある子どもたちを生まれたときからずっと支援するという構想を立てていますね。

尾﨑　そうです。「日本一の健康長寿県構想」の中で取り組んでいる「厳しい環境にある子どもたちの支援」により、保健、福祉、医療、教育にかかわる総合的な取り組みを進めています。２００８年に起こった死亡事案の犠牲者は小学生でした。ところが、14、15年のときに亡くなったお子さんは乳幼児でした。たぶん、08年以降の取り組みで、幼稚園、保育園、小学校に通っている子どもは、一定の見守りのネットワーク化がされて、いろいろと対応できるようになってきたのだろうと思います。しかし、乳幼児までは強化できていなかったのでしょう。乳幼児を抱えているご家庭は、外部との接触がない場合があるので、そこへの対策を強化していくという感じです。

やはり厳しい環境にある子どもたちへの対策というのは、より総合的かつ骨太にしなきゃならないだろうと思い始めて、妊娠期から高校生時代にわたる支援目標を決めました。全体的に見れば、子どもが小さいときは、親に対する対策を厚くし、子どもが長じるに従って、子ども本人に対する対策を強化していく感じです。

乳幼児期の子どもたちを取り巻く環境について、保護者も含めて、家庭の環境が非常に厳しいということを明確に表しているデータがあります。私が知事になってから数年間、高知県の1歳6カ月児健診の受診率が、全国より確か10ポイントぐらい低かった。あんな大規模調査で10ポイントも低いなんてことは、普通ありません。ある会議の報告でそういう話を聞いて、本当にびっくりしました。なぜそれまで乳幼児期の子どもが特に危ないことに気づかなかったのだろうと、私自身強烈に悔やみました。乳幼児期の子どもたちに対する対策を、しっかり強化していかないといけないと思い始めました。また、教育全般のデータを見ていても少し伸び悩んできている。やはり厳しい環境の子どもたち対策を強化しないといけないと考えましたね。

このため取り組み出したのが、妊娠期から子育て期までの切れ目のない総合的な支援です。保育園、幼稚園、小学校ぐらいになってくると、先生によく見ていただくことを含め、学校などでリスクケースが発見されていきますが、それより前の段階は母子保健です。

母子保健でリスクケースを発見して、そのリスクケースを児童福祉につなぐ。そういう流れをつくっていきたいと考えました。1歳6カ月児健診や3歳児健診の受診勧奨を一生懸命行います。しかしながら、受診勧奨しても、どうしても応じてくれない家庭があります。そういう家庭は、やりとりの過程でいろいろなリスクが見えてきます。妊婦健診、こんにちは赤ちゃん事業（乳児家庭全戸訪問事業）、さらには1歳6カ月児健診、その都度、母子保健の中でリスクケースを把握して、それを児童福祉につなぐ体制を、いま一生懸命構築しています。おかげさまで現在は、1歳6カ月児健診の受診率は全国並みになりました。

——高知県は子ども食堂にも力を入れているようですね。

尾﨑　おっしゃるとおりです。これぐらい良い取り組みはないでしょうね。知・徳・体、すべてに良いと思います。子ども食堂でご飯が食べられることで、体に良いということもありますし、実践的食育にもなっているでしょう。それから、そこで、話を聞いてもらったり勉強も教えてもらったりということもあるでしょう。何といってもつながりができる。いろいろな見守り活動のよきスタートであり、さらに見守りの場であり続ける可能性があるだろうと思っています。

逆に、子ども食堂に来ない子もわかってくるでしょう。なぜあの子は来ないのかといったことをきっかけにして、次の支援につながっていくでしょう。

ずっと持っていた問題意識は、公的機関の対応だけだと不十分だということです。十分に見守り機能を発揮しきれない。そういう中において、できる限りいろんな方に多層的にかかわっていただくことが、大事です。そのためには、広く浅いネットワークが必要です。民生委員、児童委員にもお願いしていくわけですが、併せてもう一つ、この子ども食堂が全県に広がっていけば、これは有意義だろうと思いました。

我々としては、子ども食堂支援基金というものを創設し、子ども食堂への取り組みを支援していく仕組みを設けました。これは、だんだんと広がっていっています。非常にありがたいと思います。まだ全県的ネットワークという感じではないですけど、さらに今後広がっていけばいいと思います。

――たとえば建物をつくりましたというのは、結果が見えやすいですが、子どものことは、数値で結果がなかなか出にくいかと思います。児童相談所の職員を増やして、PDCA（計画→実行→評価→改善）でチェックといっても、具体的に何がどうなったのか、数字ではなかなか出てこないと思います。そのあたりは、みなさんをどう納得させてやっていっているのでしょうか。

尾﨑　説明すれば、みんな納得してくれます。何をしようとしているのかを、体系立ててしっかり説明する機会をたくさん持つということだと思います。だから、比較的厳しい財政状況ですけど、パンフレットは重厚に作成しています。それは徹底して説明するためです。

「おはようこうち」というテレビ番組やラジオなどでの政策広報にもすごく力を入れています。ラジオは月1回ですが、私も出演しますし、「おはようこうち」も折にふれて出演します。そんなに力を入れるのはなぜかというと、厳しい環境にある子どもたち対策についても、いろいろな方に浅く広く関与していただく必要があることから、検討してこれをやろうということについては丁寧に何度も説明しています。こういう政策を展開するにあたっては、県民のみなさまに広範に支持していただかないといけませんからね。

――国に対して、何か要望はありますか。

尾崎　最近さかんに議論されているものとして、「全世代型の社会保障」という考え方があります。あれには、前から大賛成です。私は全国知事会で次世代育成支援対策のプロジェクトチームリーダーをやっていて、そのときにも訴えさせていただいています。この厳しい環境にある子どもたち対策を見ても、若い親と子どもたち自身への対策をしっかり講じていくことが、非常に大事です。全世代型の社会保障という考え方を、ぜひ今後より徹底していただきたいなと思います。

高齢者の皆さまへの対策はものすごく大事です。でも、今後少子化が進んでいくと、1人の生産年齢人口で1人の高齢者を支えないといけなくなってくる。その支える側の1人をしっかりサポートして、支えられるようにすることも、また大事です。社会保障の取り組みを、そちら側にもしっかり振り向けていくことは大事なことです。

厳しい環境にある保護者がいる。子育てにも苦労している。この子どもたちが大きくなって、1人で1人を支えることになるわけです。その子どもたちがしっかりと生き抜いていけるような、知・徳・体を育むのは大事なことです。まして虐待死しないようにすることはなおさら大事です。また、この若い保護者、彼らもまた支える側の1人なわけですから、彼らにとって、しっかりと子育てができるような親育ち支援などを行い、少しずつ生活も改善されていけばと思います。

教育も含めて、若い世代をしっかり支えていけるようにしていくことは、一人ひとりの生活を充実させることにもつながりますし、併せて日本全体の将来にもかかわります。一人ひとりがより幸せに生きられるような国づくりという観点とともに、成長を維持し続けられるような国をつくるという観点からも非常に大事だと考えています。国には、そこのところをしっかりと求めていきたいですね。

4 高知県中央児童相談所 所長・福留利也さん、児童虐待対応課長・公文須雅さん

高知県知事・尾﨑正直さんの指揮で、体制強化が図られている児童相談所の現場は実際、どのように変わり、また、どのような課題を抱えながら、虐待に対応しているのか。2015年12月から中央児童相談所の所長を務める福留利也さん（1961年生まれ）と、児童福祉司や児童心理司の経験を経て、16年4月から児童虐待対応課長を務める公文須雅さ

ん（1967年生まれ）に話を聞いた。

「迷うぐらいなら保護」を徹底

――福留さんは、所長になるまで児童相談所の経験がなかったそうですね。実際に児童相談所に勤務するようになって、どんなことを感じましたか。

福留（敬称略） 私は障害保健福祉分野に通算13年いましたが、児童相談所の所長になって一番痛感したのは、こんなに厳しい状況にある子どもが多いのかということでした。虐待認定でも、身体的虐待、ネグレクト（育児放棄）、心理的虐待とか、一つだけ認定するケースはほとんどなくて、複数の虐待を認定するケースが多いです。

子どもの属する世帯の貧困という課題もあります。親御さんの疾病などいろんな課題が複合的になっているケースが多くて、対応方針、援助方針についても、アセスメントに専門的な技術が必要で、援助方針がすぐにはなかなか立てられないようなケースがこんなに多いのか、と思いました。

また、対応する児童相談所の職員の困難性も感じました。子どもにもいろんな特性があるので事実を確認する難しさとか、保護者から事実を確認する難しさとか、保護者の反発がある中で、こんなに苦労して対応しているのかと、所長になって初めてわかりました。

――所長になって、どんなところに気を配って陣頭指揮をとってきたのですか。

福留 私が就任する直前に死亡事案があったので、児童相談所の基本姿勢は子どもの安全、安心の確保を最優先した対応、いかなる場合でもそういう対応をしていくということにしました。しかも、組織的に対応していくということを第一に置いています。決して個人の判断とか職員個々人に1人で大きな課題を背負わせるのではなく、組織として適切な判断をして実行していくということです。

私が着任した2015年度は、死亡事案があったこともあり、虐待通告が増え、新規の通告に追われていました。

――判断の難しさというのはどういうところに感じていますか。

福留 所長で来た当初は一時保護の判断が難しいなと感じたこともありましたが、組織的に判断基準を見直していき、一時保護ではいまは判断に迷うことはなくなりました。

公文（敬称略） アセスメントシートも使いますが、いまは迷うぐらいなら保護です。それを徹底しています。スーパーバイザーの役割を担うチーフもその判断は速いですし、おおまかなところで、顔から上や感覚器官に影響があるようなあざやけがは、調査目的の保護も含めていったんは保護しましょうとなっています。
保護をしないときは、なぜしないのかというところを、担当ワーカーも含めてきちんと考えています。やみくもに職権を使うわけにはいかないですが、顔にあざがあるとか子どもの安心・安全な状態が確認できないときは保護をするという考え方です。

福留　先ほど言いましたが、いまは一時保護の判断を迷うということはありません。それよりも難しいのは、一時保護をした後です。家庭復帰か、施設利用が必要か。家庭環境や親の行動に改善の余地があるのかというところを一時保護期間中にどう見ていくかが難しい。アセスメントで援助方針を決めていますが、親御さんの姿勢であったり、理解力であったり、行動変容が見えてくるのかという点など、判断は難しいですね。

公文　アセスメント、社会診断、心理診断、行動診断で、なんでこの子はこういう状態になっているのかということに、私たちがどこまで迫れているか、その状態が変わるために何をすればいいのかということが課題です。診断の質をどれだけ上げていけるかです。
保護者ができないことよりも、実現可能性をみていかなくてはなりません。ケースによりけりですが、家庭の複合的な問題は、子どもだけでなく、保護者だけでもなく、地域の社会資源も考えていかなくてはいけません。

子どもや保護者がもともと持っている能力など、個々が抱えているものがあります。親子の関係性、地域との関係性なども影響します。保護者の能力が十分でないところがあっても、それだけが要因ではなく、保護者がどれぐらい生きづらさがあるのかを見ていかないといけないと思います。能力が十分でなくても、うまくやっている人もいます。地域との関係性や親子の関係性なども見ていかないと支援のバリエーションは広がっていかないと思います。

――私が取材をした児童相談所では、通告があっても子どもや母親に会えないなど、48時間以内に確認が難しいこともありましたが、みなさんはどう対応されているのですか。

公文　48時間以内の安全確認は、直接目視することが原則ですが、なかなか難しいところがあるので、学校や保育園など子どもの所属機関にお願いすることもあります。未就園児や保育園に登園していないお子さんは私たちが直接訪問して確認します。最近は要保護児童対策地域協議会（要対協）からきちんと情報が届いていることで確認がしやすくなっています。

福留　最近「泣き声通告」が増え、家庭を特定できないケースが多いです。特定できて訪問しても、児童相談所が来ただけでお母さんが不安になったりしてしまうこともあります。

公文　どこかわからないときは、アパートやマンションを含めて全戸訪問しています。それに時間がかかります。泣き声通告を受けるときは、今日だけなのか、いつごろから聞こえているのかなど、具体的にいろいろ聞き取ってもらうようにしています。そうでないと、範囲が広すぎて、特定に時間がかかりすぎます。

泣き声通告で訪問すると、保護者から苦情が来ることがあります。地域からそういう目で見られているのかと思うといやになったという声も届きます。児童相談所の訪問がマイナスになってしまうのは、こちらも考えてしまいます。子育て中の保護者の孤立感を和らげるような支援が必要だと思います。

――全国的に警察からの通告が増えています。

福留　高知も最近増えてきました。通告をもらったら家庭訪問することになりますが、DVそのものへの対応は児童相談所はできません。児童相談所が対応するのは、子どもへの影響、子どものケア、安全対策という面ですが、なかなか効果的な対応策がありません。

公文　面前DVに限らず、心理的な虐待は目に見えないので日ごろの子どもの情緒面など行動を見ていないと判断ができません。実際、最近感じるのは、小さいときは影響がまだまだわかりにくくて、思春期を迎えたころからいろんなことが出てくるのかなと思います。

たとえば、暴力などの非行行動、リストカットなどの自傷行為、引きこもりなどさまざまです。警察から通告されるDV案件は子どもが小学生や幼児であることが多く、影響がすぐにはわかりにくいというのが実情です。

福留　児童相談所がどこまで調査して、どこから市町村にお願いするか考えていかなくてはいけないと話し合い始めたところです。いまは通告があれば、家庭訪問して、調査していますが、子どもへのケアの部分をどうするかということが課題になっています。手探りでやっていますが、アセスメントしてどれぐらいの影響があり、どういう方法でケアしていけば効果的なのかということを検討し始めたところです。

――一時保護は迷いなくやっているということですが、死亡事案が起こる恐れはなくなっていますか？

公文　児童相談所が対応している虐待ケースについては、危険度に応じてABCDの4ランクをつけています。ランクの高いABは地域も含めてみなさんが危機意識をもっていますが、ランクの低いものでも、急な環境の変化が危険度を急激に上げることがあります。しかもその変化はいつ起きるかはわかりません。日々職員はアンテナを張り巡らしていますが、不安は常にあります。

福留　子どもが小さければ小さいほどリスクは高いですし、親御さんの養育能力や疾患などが影響するので、一時保護に至るような状況が見えていないケースでも、いったん何かが起こると重大な事態になるケースはありますから、私も常々不安はあります。

急激な変化も起こりうるので、そういう場合は要対協の方から情報をもらっています。そこは、常々児童相談所が方針を説明してきたことが功を奏しているように思います。ただ、自治体の職員の担当者は人事異動で替わりますから、替わるとまた一からになる。あまり専門職の人がいないのが課題ではないかと感じています。

——誤解を恐れずに言うと、どんなに努力をしても防げない死亡事案というのはあるのではないかと個人的には考えています。事案によっては責任が問われると思いますが、何よりもしなければならないことは、その死亡からできる限りのことを学ぶことだと思いますが、いかがでしょうか。

福留　２０１４年と15年に死亡事案があった後は、検証委員会から一時保護のあり方、状況の変化に応じたアセスメントの重要性、児童相談所の体制強化などについて提言をいただいています。それを受ける形で、県としても児童相談所の人員を増やしてくれていますし、児童相談所の中でも、一時保護の判断、変化に応じたアセスメントの重要性については重く受け止めて実行していこうと、努力しています。

15年の事案は、保育所からあざがあるという連絡を2回もらっていて、一時保護する機会がありました。でも、そのときに職権保護に踏み切れなかったという大きな反省があります。

提言書の内容については所内で共有し、基本姿勢は機会があるたびにみなに話をしていますので、現場に浸透しています。

専門職採用の人たちも経験を積み、児童相談所の力は確実に上がってきていると実感しています。以前は一時保護をするにしても細部にわたって最後まで課長が指示を出していましたが、いまは職員のスキルが上がっています。

公文　職員がみなすごく協力的です。一時保護をする場合、人手が必要になりますが、チームワークはよく、動ける人が通知を作るなど、事務作業も含めて手分けをしてすぐに対応しています。

つい最近も、1日で4件の一時保護がありました。1件だけはあらかじめこの日に一時保護をする予定でいましたが、そのほかは、その日になってからです。朝連絡があったのが1件、また、午後3時ぐらいに連絡あったのが1件。それと、子どもが家に帰りたくないと言ってきたものがもう1件でした。

最初は対応が深夜まで及ぶかもしれないと思いましたが、保護者への告知までは、すべて夜7時までに終わっていました。でも、同時進行だったため人手が足りなくなり、1件は学校に協力してもらって子どもを児童相談所に連れてきてもらいました。

急がれる人材育成

——所内はみな協力的でいい雰囲気だということですが、燃え尽きる職員はいませんか？

公文　職員のしんどさはあります。次から次へと通告が入り、終わりがありません。虐待の緊急対応を担当する期間は3年ぐらいが適当なのかもしれません。緊急対応の担当ワーカーは、予定が立たないのでそれだけでストレスだと思います。

福留　病気休暇を取る人もいるし、ワーカーで早期に辞める人もいます。個別に職員に話を聞くなかで、課題を1人で抱えているという状態になると、しんどくなりますから、組織で、児童相談所全体で対応しているということを担当者に感じてもらわないといけないと思っています。

高知は専門職の採用を続けていますが、途中で産休育休をとる人もいますし、異動もありますのでしばらくは採用を続けていかないと、人は育っていきません。かつて福祉職を採用していた時代もありましたが、しばらく採用がなかったので、いまはスーパーバイザーを担うべき40代の専門職が極めて少ない。いま行っている専門職採用も、採用が途切れると将来そういうことになる可能性もあります。専門職を採り続けて15～16年たたないとうまく回っていかないのではないかと思います。高知は2008年度から専門職採用を始めていますから、あと5～6年でかなりの力が整ってくるのではないかと期待しています。

公文　それぞれのワーカーが担当しているケースも、組織としての判断で動いているということが大切です。このケースはこうだということを組織全体で共有しておく必要があるし、組織として方向性をはっきりと示すことがとても大事です。支援の難しいケースもありますが、組織の方針を丁寧に担当のワーカーと共有していくことが、担当ワーカーの仕事の負担感を減らすことにもつながると思います。

ワーカーの仕事は、思うように事が進まないことがある仕事なので、それだけでストレスになります。ですから、組織の方針のもと、最大限の努力をしていこうという構えでいます。

福留　在宅ケースだけでなく、施設措置のケースも家族との再統合をどう進めていくかという判断は組織として行い、その進捗状況も組織として把握しています。

公文　支援の方向性が組織で共有できていると、担当ワーカーが不在のときに保護者から電話がかかってきたとしても、どの範囲で答えればいいかわかります。休日などに担当のワーカーに連絡する必要もなくなります。ちょっとしたことかもしれませんが、職員の負担感が違ってくると思います。

福留　職員にとっては保護者に方針を言えないことがストレスになっています。児童相談所として現在対応しているケースは、約800件です。児童虐待対応課が352件、虐待以外のケースを担当する地域相談課が451件。在宅についてはリスクの高いケースは毎月会議にかけて組織として共通の認識をもつようにしています。リスクが低いケースは2カ月に1回の割合です。

施設措置のケースについては、所として再統合するかどうかまず方針を決めます。再統合を目指すというケースなら、プログラムを作って、その進捗状況を見ていくことになります。親御さんに、面会、外出、外泊というステップを示して、どういう条件でそのステップを踏んでいくかを伝え、親御さんが理解し、実行できたら次のステップに進むということにしています。ワーカーが親御さんに提示する内容も明確にしています。できる限り見える化をはかっています。これによって親御さんにとっても課題が共有でき、見通しがつきやすくなっていると思います。

公文　所として方針を共有していれば、担当のワーカーも安心して保護者を説得できると思います。「私たちはここを心配している。お母さんどうですか」と言うこともできます。いつ帰してくれるのか、という見通しを親が聞いてきたときに、説明をする手立ては必要と考えています。

措置解除へのプログラムがあれば、面接するときに何を焦点に面接していったらいいか担当ワーカー自身にもわかりやすくなります。経験年数が少ない人が多いので、面接のしやすさには役立っていると思います。

――いわゆる親指導ですね。

公文　児童養護施設などの職員ともプログラムを共有できたら、どのように親御さんに対応していったらいいかわかりやすくなると思います。親御さんも言葉ではわかりにくくても、見える形にすると理解しやすいのではないかと感じています。思い違いや勘違いも少なくなります。

――いまの児童相談所の抱える課題は何ですか？

福留　人材育成ですね。児童虐待対応課は9人の児童福祉司がいますが、平均年齢28・6歳です。児童相談所の勤務経験は平均3・3年、児童虐待対応課勤務は平均1・3年です。虐待以外のケースなどを担当する地域相談課は児童福祉司が8人いますが、平均年齢は30・8歳。児童相談所勤務が平均5・5年で、課の勤務経験は平均2年です。両課で児童福祉司は17人ですが、平均年齢は29・6歳という若さです。全般的に経験がまだまだ少ないです。

また、児童養護施設などの人材確保が厳しい状況のようです。入所定員は設定しているけれど、職員が足りずに、定員いっぱいまでは子どもが入所していない状況があります。子どもの年齢や行動特性もありますが、待機的な状態で一時保護所にいるというお子さんもいます。施設が受け入れはしてくれるけれど、態勢が整っていないなどの理由で、ちょっと待たなくてはいけないこともあります。

公文　最近の一時保護は幼児が多くて、対応が大変です。里親もいつでも受け入れOKというわけではありません。

福留　養育里親の登録は県内で45組です。国が目標にあげた施設措置する子どもの75％以上を里親委託にするには、里親の数をひと桁増やさないといけません。

公文　里親とはいえ一般の家庭で引き受けるとなると、就学前の小さな子どもであってもいろいろな準備が必要です。そのため里親さんが躊躇されることもあります。また、里親委託は親御さんの同意がなかなかとれません。施設ならばいいけど、里親だと子どもをとられるのではないかという意識が働き、同意のハードルが高いと思います。自分のところで養育は難しいと認めていても、養育里親への委託には抵抗がある人が少なくありません。

――保護した子どもの行き先を見つけるのが大変なんですね。

公文　子どもの行き先は、常時あたっている状態です。県内施設がいっぱいで、他県の施設をあたった時期もあります。

福留　２０１６年度は一時保護所は満杯でした。最近は児童養護施設に6人の一時保護の枠を作ってもらったので、かなり楽になりました。一時保護専用ですから、助かっています。それがなかったら、一時保護がかなり厳しいと思います。

――弁護士の常勤化が話題になっていますが、どう考えますか？

福留　うちはいま非常勤弁護士が2人います。２０１７年度から、それぞれが月1回ずつ3時間来てくれています。事務室内の机に座ってもらって、職員が随時相談できるようにしています。

公文　民法上どうかという質問に答えてもらうこともあれば、未成年後見人とか28条ケースでしっかりとかかわってもらうこともあります。また、緊急のケースなどは、月2回の勤務を待っているのではなく、こちらから弁護士のところへ相談に行くこともあります。

弁護士の先生に非常勤で児童相談所に来ていただくのは、大変助かっています。弁護士の先生には「なんでも聞いてください」と言ってもらっています。職員は気軽に質問できているようです。「私はこう感じました。これって、法的に間違いないですか」などと聞いている人もいます。

日々虐待の相談を受けていると、子どもの権利擁護に深くかかわっていると感じます。一時保護所で子どもの安全を考えて行動制限を行うときも、子どもの権利からみるとどうかという質問もしています。

もし弁護士が常勤でいてくれたら心強いと思います。子どものことにかぎらず、面前DVの通告があった場合、お母さんにどういう法的な手立てがあるかということなど、家族への支援を考えるときは、弁護士に相談したいと思っています。、また、児童相談所の職権を発動しなければならないときは、弁護士の意見を聞きたいことはままあります。職権保護の説明場面など保護者対応に立ち会ってもらうのもいいかもしれません。

福留　それと、児童福祉法の改正で、親の意に反する2カ月超えの一時保護についての家庭裁判所の審査とか、28条ケースで家庭裁判所がプログラムを実施するように児童相談所に勧告できるようになって、家庭裁判所との関係が増えたので、弁護士さんに常にいてもらえると心強いと思います。

――最近、特に感じることはありますか。

公文　かつてより、子どもたちの環境は厳しくなってきていると思います。私が20代に児童相談所で勤務していたときとは全然事情が違います。いまは親がすごく孤独だと思います。以前は親がなんだかんだといいながらも子どものことを心配しているなど、子どもへの思いをもっと確認しやすかったように感じます。最近は親が自分自身のことで精いっぱいになっているところがあるのかなと感じます。

福留　家族の中のコミュニケーションが変わってきているのではないでしょうか。パソコンとか携帯電話とか。また、何かに依存しているという保護者が多いと思います。精神科領域との連携が必要なケースも増えてきました。

虐待の連鎖を断ち切らないといけないと感じています。そのための子どものケアが必要です。トラウマを念頭においた専門的ケアに施設と連携して取り組んでいきたいと考えています。また、スクールカウンセラーなどの人材を活用して、地域で子どもを見守り、ケアしていくことも必要だと思います。

5　長年虐待問題にかかわってきた弁護士　岩城正光さん

（1954年まれ。2002年3月から13年5月、NPO法人「子どもの虐待防止ネットワーク・あいち〈CAPNA〉」の理事長。13年6月から16年5月、名古屋市副市長）

支援できる人をどう育てていくか
――虐待問題とのかかわりは？

岩城（敬称略）　私は初めから虐待問題に関心をもっていたわけではありません。1994年に性的虐待で両親の親権を喪失させて高校生の女の子を施設に入れました。その施設の施設長が非常に魅力的な人で、それがきっかけで虐待問題について勉強を始めました。95年に自宅に電話を一本ひいて、「子どもの虐待防止ネットワーク・あいち（CAPNA）」

を立ち上げました。
この20年で、児童虐待の状況は大きく変わったものの、死亡件数は減っていません。ゼロ歳児が6割を占めますが、その対策ができていません。ゼロ歳児を救わなくてはいけないという思いで、副市長になってからは、熊本市の慈恵病院が実施している、赤ちゃんを匿名で預かる「こうのとりのゆりかご」を名古屋市でも作りたいとかなり動きましたが、残念ながら実現できませんでした。

――副市長になって行政の中での論理もわかったと思うのですが、外から見た児童相談所、内から見た児童相談所について、課題などを聞かせていただけますか。

岩城 人なんですよね。児童虐待対応は人が人に対してかかわっていくものです。親に対して、子どもに対してかかわっていきます。子どもを保護すればいいだけではなくて、そのあと社会的養護にどうつなげていくか、親をどう支援していけばいいか、という問題があります。支援できる人をどう作っていくか。その人財づくりをできる人をどう育てていくかがとても大事なことです。
行政に入って、ここが問題だったと思えることは、行財政改革です。人手不足です。毎年名古屋市は正規職員を退職者も含めて100人ずつ減らしています。分母は2万5千人弱です。15年ぐらい前は3万5千人の職員がいましたが、いまの市長になってからは、どんどん人を減らす形になっています。5％減税もやっているので、財源もすごく厳しい。取り合いになっています。副市長になったときの内部の敵は財政局と総務局でした。

人口231万人の名古屋市のエリアに一時保護所が2カ所しかなく、いつも満杯です。それはおかしい。3つ目の児童相談所を作るべきだと当初から言い続けてきました。そのたびに財政局は、「どこに金があるのか」と真っ向から言ってきて、抵抗に遭いました。

でもね、2018年5月に緑区で開設される3つ目の児童相談所は、僕がいろいろお願いして、子ども青少年局が作る必要があると思っていてくれたので、実現できました。

第3児童相談所ができるけれど、職員をどう育てるかが大切です。箱物をただ作っても意味がない。児童虐待とか子どもの視点で動ける職員は、残念なことに、あまり出世しないのが実情です。また、児童相談所の職員を育てるだけではだめで、区役所の子ども家庭対策の職員をどう育てるのかということもものすごく重要です。

名古屋市では11年10月に名東区で虐待死事件がありました。亡くなったのは中学2年生。検証委員会に僕が入り、かなり詳細な検証報告書をまとめました。それ以来、虐待死事件は起こっていません。

ですが、17年5月に緑区で、高校2年生の女の子が自宅で分娩して、約1週間後に赤ちゃんの遺体をスポーツバッグの中に入れて、警察署にひとりで出頭したという事件がありました。とてもショッキングな事件でした。児童相談所は関与していなかったと言っているけれど、それで済まされる問題ではないと考えます。「ゆりかご」ができていればと思いました。しかも、事件が発覚した後の8月に要保護児童対策地域協議会の代表者会議が緑区で開かれましたが、このケースは触れられなかったそうです。CAPNAの参加メンバーが「あの事件はどうなっているのか」と質問し、「検証した方がいいのではないか」と言ったけれど、区からは回答はないようです。検証委員会を立ち上げるべきではないかと思うケースです。

名古屋市の児童相談所は、市の児童虐待への方針を発信してほしいけれど、児童相談所は悲しいかな出先機関であって、目の前のことを処理するのが精いっぱい。政策的にこうしていこうというところがありません。名古屋市では児童相談所の児童福祉司は専門職ではないですし、本庁にいても、政策マインドをもっている人は本当にわずかしかいないという印象です。

子ども政策で青写真を描く人がいません。子ども政策をきちんと打ち立てているのは、いまは兵庫県の明石市ぐらいでしょうか。

――きちんと立案できているところはあまりないのでしょうか。

岩城　福岡市もよくやっていると思います。行政をやって思ったのは、一番大切なのは、地域の活性力です。児童虐待の原因には三つの要素があります。一つは貧困。ストレスがあって、どうしても子どもに暴力がいってしまう。もう一つは地域の崩壊。地域力がなくなっているために近所の人も赤ちゃんの泣き声を聞いてもなんとも思わなくなっています。地域の人のつながりがなくなっています。三つ目が精神疾患。精神病に限らずいろんな問題が起こっています。

行政がなんとかしなくちゃいけないと思っているのは、貧困と地域の崩壊です。子どもの貧困対策や虐待を発見するという意味で子ども食堂や学習支援をやっているうちに、個別に大人が接触することによって、この子ちょっとおかしいな、家庭に問題がないかなと気づく。気づきの場所ですね。そこで大人が気づいて児童相談所や保健所につなげていくシステムをつくらなきゃいけないと思います。

地域で子どもを育てる、子どもを守るのは、地域の崩壊を食い止められるかという課題が大きいです。名古屋は田舎ではなく、都会だから、都会における地域崩壊をどう防いでいけるのかということが、虐待防止対策の大きな施策になるはずです。地域の崩壊を防止するためには、地域の活性化策を児童虐待との絡みでつくっていかなくてはいけません。そこで言えるのは、保育所、学校、区役所、保健所など、子どもたちに関わる機関が地域の中で密接につながる仕組みづくりをしなくてはいけないと思います。

じゃあどうするかというときに、一番のネックは学校だと思いました。なぜかというと教育委員会というのがすごい壁で、区役所の中に教育委員会とのつながりがないのです。月1回区長会議というのがあって、16区の区長に集まってもらい、私たちが政策の話をしたり、区の状況を聞いたりする会議がありました。その中で、区長に「学校を訪問してください。学校長はだれか、学校の構造を知ってください」と言うと、みんな「行ったことがない」と言いました。なぜ？　だって学校って指定避難所になっているのに。「トイレがどうなっているかぐらいわからないと困るでしょ」って言ったんですが、区役所と学校との間の連携はできていないのが実情です。

朝から晩まで一緒に仕事をしないと問題点は見えない

――名古屋市は児童相談所に弁護士を常勤職員として入れましたが、それはなぜですか。

岩城　CAPNA弁護団じゃあ駄目だからです。CAPNAで弁護団をつくり、児童相談所と一緒にやることになったけれど、結局、自分たちは顧問弁護士だという意識になったと思います。職員と一緒になってケースを組み立てていくということはありませんでした。僕も含めて児童相談所批判を一生懸命やってきたけれど、児童相談所の中に入らないと改革はできないと思います。

きっかけを作ったのは、福岡の久保健二弁護士です。いまは一般職員になられたようですが、当初は任期付きの常勤職員でした。僕自身は、任期付きの公務員になった人は全国を回れるような仕組みを作りたいと考えていて、日本弁護士連合会（日弁連）にも働きかけました。任期の5年を働いた後に職がないというのでは困るからちゃんと受け皿があるシステムを作ろうと提案しました。役所にも任期付きの弁護士がいますが、任期付き公務員でキャリアアップしていくシステムを作ろうと日弁連に提案しました。そういう仕組みづくりが絶対に必要です。

行政の仕事は、人によって向き不向きがあります。チームワークの仕事だから、みんなと一緒になって連携をして、意見を聞きながら言いながらプランニングしていく政策能力がすごく求められます。そこに適合している弁護士はいいけれど多くは適合していません。

親方日の丸、お山の大将になりたがることもありますし、あとは自分が専門職だとあぐらをかいちゃうこともあります。5年間の任期付きでやっているうちにその人の人材を見ることができます。だから、福岡のように、いい人は残ってもらえばいいと僕は考えます。

名古屋市の児童相談所では2人の弁護士が任期付きで働いています。第3児童相談所ができるので、3人目も採用されることになっています。

――弁護士は児童相談所でどんな役割を果たしているのですか。

岩城 親指導をしています。児童相談所の言うことを聞かない親に、法律家であることを示して指導します。それがないと親がなかなかうなずかないことが多いです。法律手続きはこうなっているということも説明します。

基本的には、法的なアドバイスが中心です。ケースワークは向き不向きがありますから。医師に、傷は見るけど、人を見られない人もいるように。自分のところで完結したら、決済官になってしまうので、あくまでもつないでいくという意識が大切です。自分もサポートしてもらい、共同で作業をしていくうちに、弁護士であってもケースワーク能力が高ければ、ケースワークをやっていくこともできると思います。

――常勤、非常勤は　どちらがいいと思いますか？

岩城　常勤の方がいいと思います。朝から晩まで一緒に仕事していないと児童相談所の問題点が見えてきません。行政にどっぷり入らないと行政のことはわかりません。議会との問題もあります。僕も公務員になって、議会に対してこんなにも気を遣わなくてはいけないということ、また、そうしないと先に進めないということをまざまざと感じました。「なぜ？」と思うこともありますが、行政に入らないと、そういう事情もわかりません。非常勤だとアドバイザーだけになります。

警察も同じです。名古屋市は県警から現職の警官を派遣してもらっています。児童相談所に現職の警官がいます。その警官もケースワークの現場を見ながらアドバイスしてくれています。むしろ、DVのケースなどを発見する力は警察官の方がもっていることもある。児童相談所は親ばかり見ているけれど、この警察官はお母さんを見ながらも、冷蔵庫に傷があった、あの傷はどうしてできたのか、ひょっとしたらDVを受けているかも、という判断をしてくれます。すごくセンスがいいと思います。

2011年に起こった名東区の虐待死事件で、DVがあると言ったのは警察から派遣された職員でした。検証委員会で面談したら、警察から来ている職員は「僕が言っても児童相談所の職員がだれも聞いてくれなかった」と言っていました。お父さんが長袖姿だったことから、入れ墨があると感じたと言うんですよ。そのセンスは大事だと思いました。いろんな角度から意見を言えることが大事ですが、福祉は福祉で壁をつくりがちです。あのときは児童相談所にDVという視点がなかったんです。検証報告にはもっと警察官の言うことを聞くべきだったと書いてあります。

——児童相談所の職員は足りているのでしょうか？

岩城　職員は全然足りていないと思います。行財政改革の中でも児童相談所の職員は減ってはいません。微増です。ですが、もっともっと手厚くしないといけないと思います。児童養護施設の職員配置も6対1から4対1になりましたが、ヘックマンというノーベル賞をとった経済学者は、子どもに対する予算はいっぱいつけなければならないと言っています。予算を削ると、そのときは財政の健全化だといっても、あとで大きな負担が跳ね返ってくるから、子どもについてはけちったら駄目と言っています。

人を増やすのは首長の決断。首長次第です。青森県の前の知事のときは、児童相談所の職員が増えたけど、いまは減ってしまいました。高知県や明石市がそうですが、いまの知事や市長がいるから子ども対応の職員を増やしています。首長の権限ってすごく大きいです。

現場を変えていくためには、１人が変わっても駄目。組織だから、組織全体を変えるためには首長の方針、行政全体の立案が変わらない限り難しいと思います。

貧困政策と虐待政策は一つの輪

――外にいるときは、児童相談所に対して厳しい見方をしていたと思いますが、副市長を経験されたいまはどうですか。

岩城　行政マンが硬直しているようなシステムになっているという印象をもっています。どこで何をしているかということを上司に報告するのは当たり前ですが、方針について意見交換する余裕がありません。できる範囲でしているけど、十分できていないから、手がまわっていないという印象です。

副市長時代、住宅都市局の人と話したときに、「岩城さん、少子化なんですよね。子どもの数が減っているのに、なぜ予算が増えるのですか」と言われました。そのときに、「そうか、そういうセンスなのか」と思いました。つまり、行政は福祉だけでもっているわけではないから、上下水道局とか交通局とか住宅都市局とかほかの職員としては、少子化になっているのになぜ子ども政策にこんなにお金を使うのか、行政としてどういう意味をもっているのかが伝わっていないんだと思いました。

僕が副市長になったとき、副市長の役割は二つあると思いました。一つは市長の補佐、もう一つは縦割り行政に横串を入れること。子どもの貧困対策は子ども青少年局だけではできない。子ども青少年局、健康福祉局、そして教育委員会、この3本の矢が連携して初めて子どもの貧困対策ができます。児童虐待も子ども青少年局という児童の部門だけでやっても無理です。児童相談所は子ども青少年局に入っていますが、教育委員会、健康福祉局との連携でやっていかないと総合政策は生み出せません。

貧困政策と虐待政策は一つの輪だと思います。いままでは児童虐待を見ると、親指導、子どもへの治療という見方をして、親子再統合となってきました。でも、それは狭い見方ですよね。地域や親、親支援というのは貧困政策でもあります。

名古屋市は学習支援をかなり積極的にやっていて、子ども食堂とどうやって連携させるかが最大の課題だと思っています。

——死亡事案の検証報告についてはどう考えますか。

岩城　税金使ってやっているんだから、検証報告は公開すべきです。検証は亡くなった子どものためにも、またほかの子どもたちのためにも絶対に必要で、かかわった当事者に話を聞かなければいけないし、具体的に対策を書かないと意味がありません。下手な検証をするなら、みんな共通の問題を抱えているので、厚生労働省の検証報告を抜き書きすればできてしまいます。明日同じ事件が起きたときに、前回と違う対応ができるのかというところが肝だと思います。

亡くなった子どもの親に会うのはもちろん、おばあちゃんとか親族、かかわった職員にも検証委員は会っています。それを記録として残していかないと、その後に生かされていきません。

高知県南国市で2008年に起きた死亡事案では検証委員を務めましたが、あの報告書は、いまに生きていると思います。名古屋市で11年に起きた死亡事案の検証報告書は、職員たちのテキストにしてほしいと思って書きましたが、残念ながら、400部しか刷っていなくて、民生委員などに配るまではいかなかったようです。

――虐待が社会で注目されるようになって20年。変わったことと変わらないことは何でしょうか。

岩城　社会全体の意識は変わりました。虐待はないと言っていた時代から、虐待はどの家庭にもあると言うようになりました。警察もDV絡みが多いですが、積極的になってきました。

　変わっていないのは、社会の仕組みです。ようやく一時保護に家庭裁判所の事後的な令状をとるという流れはできてきたけれど、仕組みは大きくは変わっていません。

　たとえば一時保護所。一時保護所に入っている間、子どもは学校に行けません。子どもの学習権を侵害しています。これは早くなんとかしないといけないと思います。

　地域で子どもを育てることが全然できていないように思います。グループホームを中学校区ごとにつくるべきだと思います。一時保護のときには、一時保護所ではなく、グループホームで保護をして、親への接近禁止命令をとるというような形にして、地域で子どもを育てることを進めないといけない。子どもが地域から切り離されることなく、学校や友だちとの関係を継続できることが重要です。保護という名目で地域から隔離されているいまの状態を変えていかないといけないと思います。

　僕が副市長になる前にかかわった事例で、市立高校から連絡があって、高校1年生の女の子を児童相談所に保護してもらったケースがあります。性的虐待です。そのときに児童養護施設に入った女子高校生に児童相談所の職員が会いに行ったところ、こう言ったそうです。「岩城さんにつながらなければよかった。つながったから家族がバラバラになり、私もつらい思いをさせられた」「保護された実感がもてなかった」と。その責任は僕にあると思います。あとからその思いを告げられて僕は涙が出ました。

この経験からも思うのは、常に子どもが主人公だということです。自分は保護して助けたつもりになっても、子ども自身が本当に助かっていなければ、自分としてどうしたらよかったのかと考えなくてはならないと思います。繰り返しますが、主人公は子どもです。

あとがき

「児童相談所が忙しいのは知っていたが、こんなに大変だとは……。人の家庭に入っていくということは苦労が多いということを改めて認識した」

私が児童相談所のワーカーに密着して書いた朝日新聞の記事を読んだ自治体のある部長の感想だ。児童相談所を所管し、人事権をもつ本庁の幹部職員でさえ、ワーカーの仕事の実態はなかなか把握できない。それほど、児童相談所の仕事は、現場に入らなければ、その苦労を知ることは難しいのが実情だ。

本書は朝日新聞で２０１６年８月から２０１８年２月まで連載した「小さないのち」シリーズの中で、朝日新聞デジタルに30回連載した記事に加筆、インタビューを加えて執筆した。「小さないのち」は、日本では同じような子どもの死が繰り返されている、という以前から気になっていた課題を提示し、予防のためには何ができるかを考える企画で、私は当初から取材班に参加した。子どもの死をめぐっては、欧米ではＣＤＲ（Child Death Review）と呼ばれる子どもの死を登録・検証する制度が定着している。国や州で多少の違いはあるが、対象は、予期せぬ事故、虐待、自死など自然死以外の死すべてで、多職種の専門家が集まって、さまざまな角度から議論し、次の死を防ぐための予防策を探る。防げる死を減らすことが目的で、効果も上げている。日本では、虐待は厚生労働省、自死はいじめがある場合は文部科学省、事故は消費者庁、保育事故は内閣府と厚生労働省などと縦割りで、ある程度検証は行われているものの、警察の捜査情報の提供には壁があり、検証の内容は十分とは言いがたい。子どもの虐待死については厚生労働省が各自治体に検証するよう求めているが、全国的にみれば、実施そのものも内容も不十分と言わざるを得ない。

そうした中で、虐待対応の最前線で働く児童相談所のワーカーたちの日々を追い、彼らの忙しさとともに、人員の増加や専門性の向上が必要なことを具体的に知ることは、虐待死を防ぎ、子どもたちの未来を守るために、非常に重要ではないかと考え、本書を編むことにした。

私が児童相談所について、発表ではなく、独自の問題提起の意味を込めた記事を初めて書いたのは、1999年2月7日だ。朝日新聞朝刊の1面に5段抜きの見出しで「児童相談所　所長、専門職4割弱　児童福祉司も半数以下」という記事を出した。当時あった174カ所の児童相談所の所長と児童福祉司がどれぐらいの割合で専門職なのかを独自で調査した内容で、都道府県別の一覧表も掲載した。子どもへの虐待が急増し、児童相談所の重要性が増しているのに、専門的な態勢が整っていないという視点での記事だった。当時の厚生省は所長や児童福祉司の専門性についての統計もとっていなかったのだ。

その記事の下には「父が強制引き取り　3兄妹焼死→相談所の保護解除に疑問」という見出しでサイドの記事も出した。親による強引な引き取りの要望に応じる形で、児童養護施設に入所していた子どもを親元に帰し、結果的に子どもが亡くなった事例を取り上げ、家庭復帰させた児童相談所の判断が妥当なのか、専門性が不足していないかを問うた。こちらも5段抜きの見出しだった。二つの記事は合わせて、新聞の1面の3分の1強を占める大きな記事だった。

当時は、まだ子どもの虐待問題はそれほど社会的には認知されていなかった。ちなみに1997年度の全国の児童相談所の虐待相談の対応件数は5352件で、2016年度の23分の1だ。日本社会の虐待問題への取り組みという視点では、創生期とも言える時代だ。

私自身は、1998年春から朝日新聞社会部で厚生省（現・厚生労働省）を担当し、児童相談所の職員の専門性に課題があると見て、当時全国にあった174カ所の児童相談所にせっせと電話をして調べた結果をまとめた記事だった。

厚生省はこの記事が出た約1カ月後、児童相談所長と児童福祉司の任用について児童福祉法に定める資格規定が守られていない自治体があるとして適切に任用するように通知した。また、この記事が出た翌年からは児童福祉司の人数と専門職の内訳、所長が専門職かどうかも集計するようになった。児童相談所の専門性についてはあれから20年たったいまも解決できていない課題ではあるが、その必要性は社会に認識されつつある。

また、同じ1999年3月末には、児童相談所がかかわっていながら虐待死した事例が97年度には15件あったということが発表され、その記事に添えて、専門性を備えた職員養成が急務であることとともに、「児童相談所が児童福祉法28条（家庭裁判所の承認を得た施設入所）などの法的措置を簡単に取れるように弁護士と契約を結ぶなどの仕組みや財政的な支援を考える時期に来ている」との解説記事を署名入りで書いた。翌朝、児童相談所長だという男性から名指しで社会部に電話が入り、「弁護士の力など必要ない。我々だけで法的措置はとれる」との抗議をいただいたことをいまもはっきりと覚えている。

本書にも登場していただいた福岡市の児童相談所では2011年から常勤弁護士を配置し、その後も名古屋市、2019年春に開設予定の兵庫県明石市でも児童相談所に弁護士を採用している。2016年の改正児童福祉法では弁護士を配置することを求めている。厚生労働省によると、2017年4月1日現在で常勤弁護士を配置している児童相談所は6カ所、非常勤は82カ所にのぼっている。時間はかかっているが、少しずつ前進はしている。

厚生労働省担当を終えた後の2001年から私は、「虐待」シリーズの連載を5部にわたって朝日新聞で掲載した。①虐待を受けた子どもたちがどんな思いで生きてきたのかを追った「虐待　子どもたちの証言」（2001年2月）②親と離れて児童養護施設で生活する子どもたちと彼らを世話する職員たちの日々を描いた「虐待　児童養護施設の子どもたち」（2001年3月）③米国やカナダでの社会的養護のシステムを取材した「虐待　北米報告」（2001年8月）④児童相談所に密着取材をした「虐待　児童相談所の現場から」（2002年9月）⑤虐待をしてしまう親たちを取材した「虐待　愛されなかった親たち」（2003年12月）だ。

この第4シリーズでは、4回にわたって、今回と同じように、ある児童相談所に密着してワーカーたちの仕事や一時保護所の様子をルポしている。お世話になった児童相談所は異なるものの、あれから15年以上が経っても、ワーカーたちを取り巻く状況は改善されているどころか、むしろ厳しくなっているように感じた。職員の増員と児童福祉司の専門性の向上の必要性は当時から繰り返し、指摘してきた。国も配置基準を変え、児童福祉司の配置数は増加しているし、専門性も現場の努力もあって向上している児童相談所が少なくないのは事実だ。しかし、実際のところ、本書に記したように、児童福祉司の配置が全国レベルで見れば比較的多い児童相談所でも多忙を極めている。虐待相談の増加に現場が追いついていない状況だ。

一時保護所に保護された子どもが学校に通えず、学習権を保障されていないことも当時から指摘しているが、いまだに改善されていない。

2016年の改正児童福祉法は画期的で、子どもが「愛され、保護されること、その心身の健やかな成長及び発達並びにその自立が図られることその他の福祉を等しく保障される権利を有する」とされ、子どもが権利の主体であると規定した。また、子どもは「家庭」で心身ともに健やかに養育されるべきで、国は保護者を支援すること、また家庭での養育ができない場合は、里親などの「家庭における養育環境と同様の養育環境」で、さらにそれも難しい場合は、グループホームや小規模グループケア施設のような「良好な家庭的環境」で養育されるよう必要な措置を講ずるとされた。

その改正を受ける形で、厚生労働省の検討会が翌２０１７年夏に「新しい社会的養育ビジョン」を提出した。「ビジョン」では、児童相談所に保護され、親と分離された子どもの８割は児童福祉施設で生活している現状から、３歳未満は5年以内に、就学前の子どもは7年以内に里親委託率を75％以上、学童期以降は10年以内に50％以上にするという目標が示された。また、一時保護のあり方にも言及し、閉鎖的空間である一時保護所に保護される期間は数日内として、その後は、一時保護里親や小規模の児童福祉施設で家庭的な養育を受けるべきだとしている。できれば、子どもが住んでいた地域での養育が望ましく、そうすれば、子どもは転校することなく元の学校に通うことができるとも指摘している。

「ビジョン」を読んだとき、私はやっとここまで来たか、と一種の感動を覚えた。もちろん、里親の開拓や育成、より専門的な役割を果たすことになる児童福祉施設の機能転換に大きな課題があるうえ、財政的な裏付けがなければ、実行は難しいことも理解している。かなりの抵抗があるであろうことも予想できた。しかし、厚生労働省という国の機関の検討会が示した目指すべき社会的養育の方向性は、20年近くこの問題を追いかけて、米国やカナダを取材し、私が常々日本でも必要だと思っていた内容が記されていた。「ビジョン」を実現するには、児童相談所の役割はさらに増す。保護した後の対応が現在よりずっときめ細かくなり、人手も専門性もいま以上に必要になる。里親の開拓や育成、フォスタリング機関の設置などもしなくてはならない。

この原稿を書いている2018年4月の時点では、児童養護施設を中心に激しい抵抗があり、都道府県計画の策定にあたって「ビジョン」からは大きく後退する可能性も出てきている。

本書第6章のインタビューで、福岡市こども総合相談センターの藤林武史所長が「養育環境が整わないから、ゼロ歳とか3歳の子どもに15年待っていてね、と誰が言えるのか」と話しているように、子どもたちの成長に待ったはかけられない。乳児院で育った子どもに愛着障害が起こる傾向があることを私が取材を通して知ったのは、18年前だ。当然、社会的養護の関係者は実体験として知っていることだ。乳児院の職員は一生懸命赤ちゃんを養育するが、職員は交代で勤務することから、子どもが特定の人間との愛着をもつのが難しいのだ。公に保護された赤ちゃんがそうした環境で、愛着障害をもち、その後の成長に支障を来すことを、このまま手をこまぬいて見ていることは許されないと思う。乳児院は、里親支援、また在宅で赤ちゃんや子どもを育てる家庭の支援に役割を転換することが求められる。

私は児童養護施設で計80日間、子どもたちと生活したことがある。施設の意義、職員の苦労や努力も理解しているつもりだ。だが、施設の役割の転換は時代の要請と言える。

２０１６年に改正された児童福祉法第２条第１項には、子どもたちは「その意見が尊重され、その最善の利益が優先して考慮され、心身ともに健やかに育成されるよう努める」と書かれてある。多くの人々が「子どもの最善の利益」のために努力している。さらに、その最善の利益のために、関係者が立場の違いを乗り越え、「ビジョン」の目指す方向に進むことを祈ってやまない。目標値を出したことをめぐって反発も出ているが、「ビジョン」が目指す方向は、みなが一致するところなのではないかと思う。同時に、実現には財政的な裏付けが必要なことも言及しておきたい。つまり、社会の覚悟が問われている。

お世話になった児童相談所のみなさんには、具体的なお名前を出してお礼を申し上げられないことが残念ですが、言葉で表現できないほど深く感謝しています。また、第６章でお世話になった福岡市こども総合相談センターの藤林武史所長と久保健二課長、ワーカーのみなさん、尾﨑正直・高知県知事、高知県中央児童相談所の福留利也所長、公文須雅課長、弁護士の岩城正光さんには、お忙しい中で時間をとってインタビューに応じていただいたことに心からお礼を申し上げます。この20年、子どもたちを含め、さまざまな方々から社会的養護についてお話をうかがってきました。特に、私がこの分野の取材を始めるきっかけを与えて下さった故高橋重宏さん（日本社会事業大学長などを歴任）をはじめ、すべての方々に感謝するとともに、「小さないのち」シリーズで特にお世話になったデスクの野沢哲也さん、辛抱強く原稿を待ってくださった朝日新聞出版の海田文さんにもお礼を申し上げます。

本書が、「子どもの最善の利益」を守るために、いまも日々、奮闘している児童相談所のワーカーたちの現状を知り、さらにその役割を強固に果たしていくために児童相談所がどうあるべきかを考える一助になれば、これほどうれしいことはありません。

２０１８年４月
大久保真紀

大久保真紀 おおくぼ・まき
朝日新聞編集委員。福岡県生まれ。国際基督教大学卒。1987年、朝日新聞社入社。著書に『買われる子どもたち』(明石書店)、『こどもの権利を買わないで――プンとミーチャのものがたり』(自由国民社)、『あぁ　わが祖国よ――国を訴えた中国残留日本人孤児たち』(八朔社)、『児童養護施設の子どもたち』『献身――遺伝病FAP患者と志多田正子たちのたたかい』(ともに高文研)、共著に『虚罪――ドキュメント志布志事件』(岩波書店)など。2021年度日本記者クラブ賞受賞。

朝日新書
667

ルポ 児童相談所《じどうそうだんじょ》

2018年5月30日第1刷発行
2021年7月30日第3刷発行

著　者　大久保真紀

発行者　三宮博信
カバーデザイン　アンスガー・フォルマー　田嶋佳子
印刷所　凸版印刷株式会社
発行所　朝日新聞出版
〒104-8011　東京都中央区築地5-3-2
電話　03-5541-8832(編集)
　　　03-5540-7793(販売)

Published in Japan by Asahi Shimbun Publications Inc.
ISBN 978-4-02-273093-0
定価はカバーに表示してあります。

落丁・乱丁の場合は弊社業務部(電話03-5540-7800)へご連絡ください。
送料弊社負担にてお取り替えいたします。

児童虐待から考える
社会は家族に何を強いてきたか

杉山 春

年間10万件を突破し、児童虐待は増え続けている。困窮の中で孤立した家族が営む、救いのない生活。そこで失われていく幼い命を、なぜ私たちの社会は救うことができないのか？　家族規範の変容を追いながら、悲劇を防ぐ手だてを模索する。

南北朝
日本史上初の全国的大乱の幕開け

林屋辰三郎

裏切りあり、骨肉の争いありと、約半世紀にわたり繰り広げられた南北朝の争乱。かつてない大乱の全体像と、当時を生きた人物の息づかいまでもが、手に取るようにわかる。「南北朝」入門書の決定版であり、日本中世史の名著が奇跡の復刻。

核と戦争のリスク
北朝鮮・アメリカ・日本・中国 動乱の世界情勢を読む

薮中三十二
佐藤 優

北朝鮮の挑発に翻弄される国際社会。激化するトランプと金正恩の言葉の応酬から戦争に発展するリスクはないのか。日本と韓国の核武装化はあるのか。中国、ロシアなど各国の思惑が錯綜し、緊迫する国際情勢を外交のプロが徹底討論。

小沢一郎の権力論

小塚かおる

「驕る安倍政権は必ず転ぶ！」。自民党から2度政権を奪い、一方では国家権力と対峙せざるを得なかった小沢一郎が、田中角栄時代から知り尽くす権力の「魔性」をすべて語る。「日刊ゲンダイ」記者が「剛腕」の胸の内を聞き出した！

京都ぎらい 官能篇

井上章一

あの古都は、まだとんでもない知られざる歴史を秘めている。千年「みやこ」であり続けた秘密は「京おんな」。その力で権力者をからめとってきた朝廷の手法は今にも脈々と伝わる。女性を磨いて舞台装置とする京都。日本史の見方が一変する一冊！

朝日新書

幸福寿命
ホルモンと腸内細菌が導く100年人生

伊藤 裕

単純な寿命より健康寿命が重要だが、さらに進めて「幸せを感じられる期間」＝「幸福寿命」を追求しよう。愛情と共感をつかさどる「ホルモン」と、若さとエネルギーを生む「腸内細菌」の大いなる力によって、何歳でも幸せにすごすための健康戦略。

ゆるいつながり
協調性ではなく、共感性でつながる時代

本田直之

見せかけの人脈はもういらない――強すぎるタテ社会でも、弱すぎるネット社会でもない、共感でつながる第3の道。AI時代、人生100年時代を自由に生き抜くための新しいつながりの法則を、ベストセラー『レバレッジ人脈術』の著者が解き明かす！

ニュースの深き欲望

森 達也

ニュースとはなにか。そもそも情報とはなんだろうか。〈真実と偽り〉〈正義と悪〉の二項対立を超え、その狭間の無限の事象をとことん見つめて発信を続ける著者自らの証言。「世界はグレーゾーンで成り立っている」と唱える挑戦と希望の記録。

人口減少と鉄道

石井幸孝

人口減少で日本の鉄道は危機を迎える。2050年にはJR東海も利益が出なくなる？ 早くから人口減に直面しつつ、豪華列車や外国人客誘致、多角経営で右肩上がりを続けるJR九州の初代社長が、成功事例を踏まえつつ、鉄道再生の方策を語る。

「六本木」には木が6本あったのか？
素朴な疑問で歩く東京地名ミステリー

谷川彰英

六本木には、実は地名の由来になった松の木がある？ まことしやかに語り継がれる地名の由来は真実か。「青山の青い山はどこにあるのか？」「池袋の『袋』は何の袋か？」など、実際に行って確かめた「最新」でありなおかつ〝最深〟の地名情報。

朝日新書

地方公立名門校

おおた としまさ

全国には地域の期待を担った公立高校が数多くある。気鋭の教育ジャーナリストが、全国区で有名な私立名門校に勝るとも劣らないハビトゥスを誇る「ご当地名門校」を巡り、そのあるべき姿、進むべき方向性を考察する。

睡眠負債

〝ちょっと寝不足〟が命を縮める

NHKスペシャル取材班

毎日の睡眠不足が借金のように蓄積していく睡眠負債。仕事などの活動の質が落ちるばかりか、がんや認知症といった命に関わる病気のリスクが高まってしまう可能性があるという。どう予防・対策すればいいか？ 大反響「NHKスペシャル」の新書化。

憲法の良識

「国のかたち」を壊さない仕組み

長谷部恭男

なぜ、今、憲法が話題になるのか。憲法は何のためにあるのか。どう読むのが正解か。近代ヨーロッパで生まれた立憲主義の意味や、世界水準の議論にもとづく自衛隊と9条論、自民党改憲草案のおかしさを、憲法学の第一人者が語り尽くす。

ルポ タックスヘイブン

秘密文書が暴く、税逃れのリアル

朝日新聞ICIJ取材班

バミューダ諸島の法律事務所から流出した秘密文書――。その大量データの分析をもとに取材班は、アフリカ、香港、インド洋へと訪れた。巨大企業と富裕層だけが得をする税逃れの生々しい実態とその仕組みを報告する。池上彰氏解説。

カミングアウト

砂川秀樹

性的少数者であることを打ち明ける――その時、どのような困難と葛藤があるのか。躊躇いながら「告白」を決断する当事者と、それを受け止めようとする家族。両者の関係はどのように作りなおされるのか。実際の事例から探る、LGBTの現在。

朝日新書

ルポ　児童相談所

大久保真紀

朝日新聞デジタル連載「児相の現場から」を書籍化。朝日新聞記者が西日本のある児童相談所で活動する児童福祉司たちに1カ月にわたり密着し、虐待対応の最前線を追った。親から赤ちゃんを一時保護する様子など「虐待保護」の現場を描く。

うつのツボ
薬に頼らずラクになる

高田明和

脳は時代や環境によって変化している。だから以前効いていたはずの抗うつ剤も効かなくなってしまう――際限のない投薬治療はもうやめて、生活習慣の改善や瞑想法でうつの苦しみを癒そう！　薬なしで自身のうつを克服した脳科学医が伝授。

カラー新版　ネコを撮る

岩合光昭

岩合光昭さんのねこ写真の原点、ロングセラー『ネコを撮る』をオールカラーに。カワイイねこの探し方、機嫌の取り方、決定的瞬間のシャッターチャンス……。岩合さんのねこ写真の秘密に迫る。巻頭に新作をオールカラーで楽しめる待望の新版。傑作を所収する。